A perversão e a psicanálise

Luis Izcovich

Traduzido por
PAULO SÉRGIO DE SOUZA JR.

A perversão e a psicanálise
Copyright © 2019 Aller Editora

Editores:	Fernanda Zacharewicz
	Gisela Armando
	Omar Souza
Conselho editorial:	Beatriz Santos (Université Paris Diderot — Paris 7)
	Daniel Omar Perez (Universidade Estadual de Campinas)
	Lia Carneiro Silveira (Universidade Estadual do Ceará)
	Luis Izcovich (École de Psychanalyse des Forums du Champ Lacanien)
	Maria Lívia Tourinho Moretto (Universidade de São Paulo)
Tradução	Paulo Sérgio de Souza Jr.
Revisão	Fernanda Zacharewicz
Capa	Rafael Brum
Diagramação	Sonia Peticov

Primeira edição: abril de 2019

Dados Internacionais de Catalogação na Publicação (CIP)
(Câmara Brasileira do Livro, SP, Brasil)

Ficha catalográfica elaborada por Iolanda Rodrigues Biode — Bibliotecária — CRB-8/10014

Izcovich, Luis
     A perversão e a psicanálise / Luis Izcovich; tradução Paulo Sérgio de Souza Junior. — São Paulo: Aller Editora, 2019.

     Título original: *La perversión y el psicoanálisis*.
     ISBN 978-85-94347-17-6

1. Freud, Sigmund, 1856-1939   2. Lacan, Jacques, 1901-1981   3. Perversão sexual   4. Psicanálise   5. Psicologia clínica   I. Título.

19-25160   CDD — 150.195

Índice para catálogo sistemático
1. Psicanalítica clínica: Psicologia   150.195

Publicado com a devida autorização e com todos
os direitos reservados pela Aller Editora.

Av. Angélica, 1814 — Conjunto 702
01228-200 São Paulo S.P.
Tel: (11) 93015.0106
contato@allereditora.com.br
Facebook: Aller Editora

sumário

Nota do tradutor	5
Prefácio à edição brasileira	7
Prefácio	13

1
A perversão generalizada e a estrutura perversa — 37

2
Lacan com Gide — 93

3
A perversão e a mulher — 155

4
A perversão feminina — 181

5
O objeto a na clínica da perversão — 201

nota do tradutor

Optamos aqui por utilizar a palavra "renegação" a fim de verter o termo que nomeia o mecanismo de defesa próprio da perversão, a saber, a *Verleugnung* — muitas vezes traduzida nos textos psicanalíticos como "recusa", "desmentido" ou ainda, via francês, "denegação". E essa nossa escolha ampara-se sobretudo no fato de, em língua alemã, der *Verleugner* — isto é, aquele que comete a *Verleugnung* — denotar "o renegado", podendo este ser alguém que nega categoricamente a confiança de um amigo, a pátria ou a fé (o episódio, por exemplo, em que Pedro renega [*verleugnet*] Cristo por três vezes)... mas também aquele que vem a negar as suas próprias convicções ou a realidade. Desse modo, temos aí um contorno semântico próximo dos desdobramentos da utilização, em português brasileiro, do vocábulo "renegar" e de seus derivados — que guardam um sentido de recusa e de renúncia, certamente, mas também de traição e de abandono.

Paulo Sérgio de Souza Jr.

prefácio
à edição brasileira

Andrea Brunetto

É para mim uma grande satisfação apresentar esse livro aos leitores brasileiros. E por três motivos. O primeiro deles é porque responde a questões muito importantes, e reiteradamente, apresentadas pela psicanálise — os perversos são analisáveis? Existem mulheres perversas? — com a erudição que o autor tem com a obra de Freud e o ensino de Lacan e, sobretudo, com a clínica: na leitura dos casos clássicos da psicanálise, como a Jovem Homossexual ou o "Caso André Gide" e nos exemplos de sua própria clínica.

O segundo motivo da satisfação é por ser o autor quem ele é. Nós, brasileiros, já conhecemos a transmissão de Luis Izcovich, acompanhamos a geografia de seus seminários pelo Brasil, bem como a publicação de seus livros. Izcovich já esteve, inclusive, duas vezes aqui em Campo Grande, dando seminários, no Fórum do Campo Lacaniano do Mato Grosso do Sul.

O terceiro motivo é porque trabalha a perversão como uma estrutura clínica, e também a coloca na clínica borromeana. Desfaz, assim, uma polarização que certa vertente de autores lacanianos tem de prescindir do Lacan de *Função e campo da fala e da linguagem em Psicanálise* e das estruturas clínicas, para tomar uma clínica do real que não precisa da linguagem. Como se isso fosse possível!

Aliás, nesse livro, o percurso começa com as estruturas clínicas — neurose, perversão e psicose — seguindo a leitura que Jacques Lacan fez da obra freudiana. E começa sustentando a perversão como uma entidade clínica muito precisa, que mostra uma relação particular com o desejo e a falta. A perversão para a psicanálise é diversa de fenômenos assim designados pela psiquiatria e mesmo pelo discurso social, é como o sujeito trata a falta que nos permite a clínica diferencial.

Na perspectiva lacaniana o de que se trata é "que o sujeito inventa um saber fazer com o falo para recobrir a castração". O falo é o recurso necessário para o encontro sexual com o outro, já que a norma sexual não existe. Essa é a tese de Lacan: não existe nada no biológico que diga o que é ser homem ou ser mulher ou o que desejar; não há um "legado hereditário", como Lacan escreveu em *A significação do falo.*

Freud fez uma passagem da teoria do trauma à teoria da fantasia, com isso, podemos dizer que a psicanálise é uma teoria "segundo a qual existe uma interpretação, por parte da criança, em relação a qual foi o desejo dos pais. É o primeiro momento em que aparece, na psicanálise, a noção de que o sujeito tem sua parte de responsabilidade nos males que o afligem". A partir disso, Izcovich faz duas perguntas: É suficiente dizer que a estrutura clínica é a consequência de uma interpretação do desejo do Outro? E ainda: Se pode dizer que o que distingue neurose, perversão e psicose é somente um modo específico do uso da fantasia em cada uma dessas estruturas? A resposta a essas perguntas norteia o primeiro capítulo deste

PREFÁCIO À EDIÇÃO BRASILEIRA

livro. Ele começa a responder as perguntas que nos apresentou da seguinte forma: o ponto em comum entre a perversão e a neurose é que a identificação se conecta a dimensão fálica. Alega que a perversão é uma rua inacessível, porém com o acesso ao significante fálico. E trabalha o Caso Hans, também na leitura lacaniana do caso. Assim, não são as práticas sexuais que definem a perversão e sim a posição do sujeito de completar o Outro barrado. O perverso tem como lema fazer existir A mulher para fazer existir a exceção.

O capítulo dois, Lacan com Gide, é sobre o *sinthoma*. Izcovich faz um percurso pelo que Lacan transmitiu sobre André Gide. O autor mostra as semelhanças e diferenças entre Gide e Joyce, e como eles fizeram a compensação pela ausência de desejo do Outro, na letra. A perversão, *père-version*, Lacan equivale ao nó borromeu, é o que permite a um sujeito aceder a um desejo que seja legítimo.

O capítulo quatro é sobre a perversão feminina e Luis nos mostra a distinção estrutural na Jovem Homossexual e em Dora. Esclarece que a Jovem homossexual não é uma histérica, mostrando como ela não faz um enigma sobre o desejo do Outro, não faz um sintoma e não aparece nada no relato freudiano que diga sobre a neurose infantil. "A decepção é derradeira, já que a saída que encontrou é que, a partir dali, é ela quem possui o falo absoluto." Em sua passagem ao ato, ela se identifica com o falo. Isso é o perverso nela e não sua homossexualidade.

O capítulo três é sobre a perversão e a mulher e tem como eixo central a distinção entre a perversão como colocação em ato da fantasia e a neurose como colocação em ato do sintoma. Não é o mesmo por em ato a fantasia do que a satisfação substitutiva do sintoma. Há um ver além, na perversão. "Trata-se de uma tentativa de ver o que aparece velado. É aí que se confirma uma diretriz na teoria de Lacan, mas que é dedutível a partir da clínica: a relação do sujeito perverso com o mais-de-gozar e com A mulher." Logo no começo do capítulo, o autor sustenta que a criação de um objeto fetichista já mostra a maior afinidade do sexo masculino com a perversão e apresenta um exemplo de sua clínica, relacionando-o ao Caso Gide quanto à incidência negativa do desejo, um desejo morto, tanto em seu paciente quanto em Gide pode-se "demostrar os efeitos subjetivos da carência paterna". Do lado do pai, o silêncio, um pai que não merece o respeito, alega o autor, seguindo Lacan.

Ainda no capítulo três questiona se é possível ou não analisar os perversos, ponto que desenvolverá melhor no quinto e último capítulo, intitulado "O objeto *a* na clínica da perversão". O que uma análise pode dar a um sujeito perverso? Esse sujeito que sabe do que goza, que está em posição de objeto para seu Outro, não é, *a priori*, suscetível ao discurso analítico. Se ele já detém um saber sobre seu gozo e consegue tapear a castração, colocará o analista na posição de sujeito-suposto-saber?

Depois de discorrer sobre o objeto *a* e mostrar a diferença radical entre a Jovem Homosexual e Dora, Izcovich sustenta que há uma objeção lógica ao discurso analítico na perversão, mas que, ainda assim, há momentos de 'crises subjetivas': o aparecimento da angústia e são nesses momentos que surgem a demanda de análise. Haverá uma abertura, a partir desses momentos, para fazer-se desejante? "Fazer-se desejante é uma das proposições da análise, e nem todas as estruturas clínicas estão munidas do mesmo modo para topar o desafio".

A conclusão com a qual o autor encerra seu livro a respeito da análise dos perversos, deixarei a vocês, os leitores, verificarem.

PREFÁCIO À EDIÇÃO BRASILEIRA

Não antecipo aqui. Só antecipo uma coisa: Luis Izcovich não recua diante das dificuldades que a clínica com o perverso apresenta em nenhum momento. É uma publicação que nos chegou em boa hora, fazia-nos falta este livro. Boa leitura a todos.

Campo Grande, 13 de março de 2019.

prefácio

Albert Nguyên

Nestes tempos em que impera o "discurso do Mestre pervertido", este livro é muito bem-vindo.

Eis aqui um livro de pura clínica; de uma clínica renovada sobre a perversão, a partir do final do ensino de Lacan, mas que não negligencia o conjunto do trajeto lacaniano sobre o tema.

Generalizar a perversão poderia dar a entender que o autor estivesse provocando, precipitando-se. De jeito nenhum. O desdobramento clínico é prova disso: releitura do caso do pequeno Hans, passando pela jovem homossexual de Freud; pelo caso Gide, segundo Lacan; e por um caso vindo da prática do autor — perversão do desejo.

Com isso, algumas diferenças, algumas distinções se operam: Hans passa por um momento perverso na construção que preside a resolução da fobia de cavalo. Essa resolução, como Freud indicou, convoca a fragilidade do pai — fazendo valer, a propósito, a extraordinária capacidade de invenção de Hans com o simbólico. No entanto, ele permanecerá marcado pela sua identificação ao falo da mãe, com a incidência, indicada por Lacan, sobre as suas escolhas sexuais ulteriores.

A jovem homossexual era homossexual? Um dos interesses do livro é mostrar que não há nenhuma evidência disso. O desafio lançado ao pai encontra o seu ponto culminante na passagem ao ato que o conclui: *"niederkommt"* — o botar no mundo, a parição que um olhar desaprovador terá provocado, relegando o amor apaixonado da Dama, que se queria absoluto, ao capricho. A queda assinala a causa da passagem para fora da cena.

O caso André Gide: caso princeps desenvolvido por Lacan no texto dos *Escritos* intitulado *Kant com Sade*[1].

O caso de Luis Izcovich suscita novas perguntas e traz respostas novas e convincentes: ali a posição do analista é colocada em primeiro plano, pois, com efeito, a perversão traz um problema particular: o estabelecimento da transferência se vê sob o jugo da rejeição da suposição de saber. Igualmente, a constituição do sintoma analítico mostra-se problemática. Além disso, a saída do tratamento lança luz sobre os avanços doutrinais, permitindo entrever o resultado vislumbrável no âmbito da perversão. A saída exige — contrariamente ao relato do caso da jovem homossexual escrito por Freud — atualizar o gozo infantil e as experiências de gozo primário que determinaram a fixação perversa do gozo, e esse caso coloca em destaque o laço entre o gozo perverso e a posição fraudulenta do pai.

A releitura efetuada sobre esses casos propõe, na realidade, um percurso pelo *corpus* lacaniano a respeito da perversão, distinguindo o traço de perversão trans-estrutural — ligado à constituição mesma do sujeito — da perversão como estrutura.

---

[1]LACAN, J. (1963) Kant com Sade. In: LACAN, J. (1966) *Escritos*. Trad. V. Ribeiro. Rio de Janeiro: Editora Zahar, 1998, p. 776-803.

PREFÁCIO

Mas, sobretudo — e isso constitui, sem dúvida, um dos avanços do texto —, ele abre para questões atuais eminentemente concretas e cruciais sobre a direção do tratamento frente à perversão, demonstrando, contrariamente ao que é difundido, que o sujeito perverso pode ir à análise. Decerto é preciso angústia; ou, em todo caso, um elemento que coloque em perigo o precário equilíbrio sobre o qual o sujeito arrimou seu gozo.

Para além dessas questões de condução do tratamento, outra questão é abordada no texto: a da perversão feminina. O interesse situa-se na retomada de uma questão que se acredita dada por encerrado: não há perversão feminina. O mérito de reinterrogar esse ponto, e discuti-lo — em particular no diagnóstico diferencial com a histeria —, é todo de Luis Izcovich. Outra novidade reside na interrogação do masoquismo, do qual o analista tem de se distinguir, não se deixando captar, fascinar.

A posição de Lacan sobre o tema da perversão foi se alterando; nada surpreendente, no entanto, se seguirmos os deslocamentos que o encadeamento dos seus seminários produz. Com a introdução, por Lacan, do objeto *a*, e seguindo a própria evolução da doutrina do objeto, são nítidas as consequências para a perversão — para o gozo e para o desejo perverso.

Aliás, é essa subida do gozo ao primeiro plano — e, especialmente, do gozo da mulher — que interroga. Sobre esse ponto, os avanços do seminário 20, *Mais, ainda*[2] são capitais no que concerne ao corpo a corpo sexual: não há relação sexual que possa se escrever. O veredito concerne tanto à perversão quanto à neurose, até mesmo à psicose — uma vez admitido

---

[2]LACAN, J. (1972-1973) *O seminário, livro 20: Mais, ainda.*, 2ª ed. Trad. M.D. Magno. Rio de Janeiro: Editora Zahar, 1985.

que esse Real indica que *lalíngua* está na jogada, e que todo sujeito é efeito de linguagem. E não somente a língua, mas também o caminho que Lacan fez com que a função paterna do início (a metáfora paterna separadora) percorresse até a do fim do seu ensino: pai-versão [*père-version*] e função de nomeação. A partir desse avanço, Lacan vai ainda mais longe com o nó borromeano, algo que o autor aborda em seu livro: o perverso é apresentado por Lacan como aquele para o qual os três círculos não estão atados, mas empilhados, superpostos. Captamos imediatamente a consequência disso para a prática da análise, e essa questão é claramente colocada na apresentação clínica do caso: Qual deve ser a posição do analista? O que o sujeito perverso pode esperar da análise? Um ganho sublimatório, a construção de um sintoma? Qual o fim de análise para o perverso? Muito precisamente, respostas — não exaustivas, sem dúvida — são formuladas e convocam ao diálogo com outros casos de análise.

A pai-versão transformou consideravelmente o tratamento do perverso. A clínica da perversão vai se mostrar, então, uma clínica da função paterna: não é de surpreender, na medida em que a operação central da perversão convoca a renegação da castração, e que o pai real é o seu agente. Que Lacan tenha deslocado essa função da metáfora para a pai-versão — versão da função paterna que convoca o cuidado paterno, os sintomas do pai, a intervenção no excepcional meio-termo do semideus pai[3] — permite que Luis Izcovich introduza a noção de "perversão generalizada".

---

[3]LACAN, J. (1974-1975) *Le séminaire, livre XXII: RSI*, sessão de 21 de janeiro de 1975; inédito.

PREFÁCIO

A perversão generalizada apresenta a vantagem de tratar o gozo, algo que Freud deixou intacto com Hans, assim como com a jovem homossexual, e que Lacan abriu com o exame que ele fez do caso André Gide. Texto magnífico essa abordagem de Gide em resposta a Jean Delay; magnífico pela antecipação aos desenvolvimentos ulteriores de Lacan sobre a perversão — e, além do mais, anunciador do *Kant com Sade*, que virá em seguida.

A posição de Lacan com relação a Gide vai evoluir com o tempo, mas já nesse texto Lacan alinha os *Schaudern*[4], que são as tantas experiências de gozo, com o papel das mulheres e, em particular, de Madeleine — uma Madeleine de *Et nunc manet in te* [E agora permanece em ti][5] e de *Ainsi soit-il* [Assim seja][6] que contradiz ou desloca a de *A porta estreita*[7]. O drama do sujeito Gide encontra-se perfeitamente ilustrado ali, dividido que está entre o amor e a constrição de gozo que vai tê-lo dominado por toda a vida. Madeleine, sua mãe, a tia: eis o trio pelo qual o escritor se viu marcado vida afora; vida e morte afora — o que Lacan capta numa só frase: "O fogo de um encontro imprimiu seu brasão"[8].

E nós sabemos, seguindo a análise que Lacan faz disso em seu texto, que "a privação desumana" de Madeleine não a impedirá, muito pelo contrário, de queimar todas as cartas — o que ela tem "de mais precioso", escritas pelo "melhor dele",

---

[4]Do alemão, "estremecimentos". (N. de T.)
[5]GIDE, A. *Et nunc manet in te – suivi de Journal intime*. Neuchâtel: Éd. Ides et Calendes, 1951. (N. de T.)
[6]GIDE, A. (1952) *Ainsi soit-il ou Les jeux sont faits*. Paris: Gallimard, 1952. (N. de T.)
[7]GIDE, A. (1909) *A porta estreita*. Trad. R. C. de Lacerda. Rio de Janeiro: Nova Fronteira, 1984. (N. de T.)
[8]LACAN, J. (1958) Juventude de Gide ou a letra e o desejo. *In*: LACAN, J. (1966) *Escritos*. Rio de Janeiro: Jorge Zahar Ed., 1998, p. 768. (N. de T.)

| 18 |

A PERVERSÃO E A PSICANÁLISE

Gide — para bancar aquilo que Medeia inaugurou: a verdadeira mulher: "O único ato em que ela nos mostra claramente distinguir-se disso é o de uma mulher, de uma verdadeira mulher, em sua inteireza de mulher"[9].

Sua inteireza, ou seja, aquilo que inclui o que ex-siste ao homem e implica um gozo que não se endereça ao falo.

E depois esse texto aborda a função do pai de Gide, a função desse magistrado que só conseguia chamar o filho de "meu pequeno" (percebam a equivocidade)[10] e que lhe pregou essa má peça de falecer quando a criança tinha apenas onze anos de idade.

O veredito de Lacan merece ser lembrado:

> O menino Gide, entre a morte e o erotismo masturbatório, só tem do amor a palavra que protege e que interdita [Gide não está fadado, portanto, à psicose]; a morte levou, com seu pai, aquela que humaniza o desejo. Por isso é que o desejo fica, para ele, confinado ao clandestino.[11]

O pai de Gide cumpriu muito bem a sua função de proteção e de interdição, mas ficou faltando a dimensão paterna que humaniza. A posição de Lacan marca aqui o que ele só desenvolverá bem mais tarde e que merece ser confrontado ao veredito do "prescindir do pai, com a condição de servir-se dele"[12]. Prescindir só é possível se essa função de humanização é efetiva, precisamente. O que a torna efetiva, nesse texto, refere-se ao

---

[9]*Ibid.*, p. 772. (N. de T.)
[10]Em francês, *mon petit ami*: "meu amiguinho", literalmente, mas também "meu namorado". (N. de T.)
[11]*Ibid.*, p. 764; trad. modificada.
[12]LACAN, J. (1975-1976) *O seminário, livro 23: O sinthoma*. Trad. S. Laia. Rio de Janeiro: Editora Zahar, 2007, p.132.

PREFÁCIO

que será estabelecido em 1974-75: o Dizer do pai, o dizer como função de existência.

A falta dessa dimensão de dizer justifica a renegação, que vem do real. A falta de pai real condena o filho à fixação: ser o falo da mãe e perder-se na masturbação frenética (nas próprias palavras de Gide).

E Gide, então, o que ele é e o que não? É homossexual ou não é? Levando em conta as práticas sexuais de Gide em torno da pederastia, poderia surpreender o fato de alguém indagar a esse respeito. E, no entanto, a pergunta mostra-se inevitável. Encontram-se duas respostas opostas em Lacan: a primeira, no texto sobre "a letra e o desejo" e a segunda no seminário ...*ou pior*. No primeiro texto é feita uma referência (irônica) às relações dos homossexuais com as suas mães. Em ...*ou pior* Lacan afirma que Gide não é um homossexual[13]. Essa segunda resposta, mais tardia, deve fornecer a pista: primeiro esta nota, no comentário sobre o texto de Delay — nota decisiva, talvez —, que convoca a função da letra e a "troca fatídica pela qual a letra-carta assume o próprio lugar de onde o desejo se retirou"[14], sua destruição não deixando, "no lugar ardente do coração vivo, nada além de um buraco"[15]. As cartas para Madeleine não tinham cópia e sua destruição é irreparável, mas ela esclarece a função: "Sua natureza de fetiche, evidenciada, provoca o riso que acolhe a subjetividade pega desprevenida"[16].

---

[13]LACAN, J. (1971-1972) *O seminário, livro 19: ...ou pior*. Trad. V. Ribeiro. Rio de Janeiro: Editora Zahar, 2012, p. 69.
[14]LACAN, J. (1958) Juventude de Gide ou a letra e o desejo In: LACAN, J. (1966) *Escritos*. Rio de Janeiro: Jorge Zahar Ed., 1998, p. 773; trad. modificada.
[15]*Ibid.*, p. 774; trad. modificada. (N. de T.)
[16]*Ibid.*, p. 763.

Então, Gide, fetichista[17]?

Quando Lacan retorna à posição subjetiva de Gide em *...ou pior*, ele confirma que o interesse atribuído a Gide no texto dos *Escritos* inscreve-se, também ali, na problemática do desejo. O desejo e o discurso têm a mais estreita relação, estando ambos concernidos pelo objeto causa — a causa do desejo para o sujeito — e pelo objeto em posição de semblante no discurso analítico: "É o objeto *a*, no qual ele é determinado como sujeito, isto é, dividido como sujeito, ou, em outras palavras, é presa do desejo"[18].

A questão de Gide era ser desejado para compensar o abandono da infância, uma vez que o todo-amor materno e a morte do pai acachaparam o desejo sob o amor e a morte, encontrando por onde se mascarar no dever religioso e na relação com o Outro supremo. Lacan evoca, então, o gozo de Deus, "o que estraga o prazer dos outros. É só isso que importa, aliás"[19].

Defensor da fé, o perverso. Homossexual, fetichista... mas acaso não seria tampouco possível, apoiando-se nos escritos de Gide, exaltar o olhar que dita a sua posição de voyeur, e sim — pelo seu lado chorão, frágil, facilmente comovido, solitário — um pendor masoquista que, no entanto, alguns traços sádicos atenuam; e também exibicionista, às vezes, na complacência pela qual tão frequentemente o criticaram?

Denominador comum, a perversão; e denominador comum, igualmente, a mansidão de que dão prova todos aqueles e aquelas que conhecem as suas práticas delituosas.

---

[17]LACAN, J. (1971-1972) *O seminário, livro 19: ...ou pior*. Trad. V. Ribeiro. Rio de Janeiro: Editora Zahar, 2012, p. 71-72.
[18]*Ibid.*, p. 71. (N. de T.)
[19]*Ibid.*, p. 72.

PREFÁCIO

Gide construiu seu mundo, construiu-o para si, em três tempos: religioso, estético e ético. A sua escrita serviu de guarda--chuva para a pulsão e, com isso, permitiu que esta fosse um pouco civilizada; e é essa parte de civilidade que, sem dúvida, poupou Gide das chateações que não teriam faltado: ele soube acolher sua anomalia para dela fazer a sua média normal; porém, ao mesmo tempo, canaliza em sua obra este "esforço de normalização" incompleto. Lá onde Joyce conseguiu, de fato, borromeanizar a forclusão, Gide fracassou em parte. Pode-se ter sido um grande homem; um escritor imenso; um nobelizado; ter encontrado De Gaulle, Stalin ou Blum; ter rodado o mundo; ter praticado, por cinquenta anos, um amor cortês; ter até mesmo feito um filho numa mulher; ter construído para si um ideal do eu com Goethe... e, no entanto, pode-se passar a vida sendo escravo do desejo que impele irresistivelmente para a mesma emoção adolescente, para a mesma clandestinidade, para o mesmo esmorecimento e para o gozo deletério que a isso se soma.

O antiborromeanismo de Gide se estrutura: Gide, encontrando em Goethe as insígnias que lhe permitiram se retirar do cabresto familiar e religioso, não pôde, no entanto, inscrever-se no campo da diferença — dito de outro modo, da castração — de outro modo que não pela renegação; restou-lhe conjugar a sua obra e a sua vida, alimentar uma com a outra, reciprocamente. Ninguém duvida que ele tenha tido sucesso com a sua obra escrita; vejo nisso uma indicação que compele a uma leitura borromeana de Gide. Gide não fez análise, mas o seu debate entre gozo, desejo e amor concerne a alguém que se arrisca à experiência. É escusado dizer que a introdução, por Lacan, do gozo em seu seminário — e especialmente nos seminários 7

(*A ética da psicanálise*[20]), 10 (*A angústia*[21]) e 20 (*Mais, ainda*) — modificou a abordagem clínica dos tratamentos e conduziu Lacan aos nós.

Dito isso, Gide não era louco; e conseguiu, portanto, manter juntos o real, o simbólico e o imaginário — ainda que tenha priorizado o imaginário para tamponar o real com o qual, em diferentes momentos, ele teve de se haver. A característica intrusiva desses momentos, no entanto, não o impeliu a dar sequência ao que a tia sedutora havia iniciado: o chamado da morte continuou sendo mais forte. Sem dúvida, ao encará-lo, Gide chegaria a questionar as suas identificações; e ele escolheu fazer, com isso, material para os leitores.

É bem verdade que Lacan ainda não havia ministrado o seu seminário sobre Sade[22] e mostrado que a ética da psicanálise referencia Sade por Antígona e Antígona pelo desejo do psicanalista, ao final da interrogação sobre o desejo do qual se deduz uma ética que renova a ética kantiana e a aristotélica: agiste conforme ao teu desejo?

Gide responderia afirmativamente à pergunta? Acaso não se estaria mais inclinado a considerar que ele recuaria diante da questão ou, então, que não tenha percebido a necessidade dela? Nesse sentido, ele estaria na posição clássica do sujeito perverso, tal como Luis Izcovich indica num belo artigo,

---

[20] LACAN, J. (1959-1960). *O seminário, livro 7: A ética da psicanálise*. Trad. A. Quinet. Rio de Janeiro: Editora Zahar, 2008.

[21] LACAN, J. (1962-1963) *O seminário, livro 10: A angústia*. Trad. V. Ribeiro. Rio de Janeiro: Editora Zahar, 2005.

[22] A respeito desse ponto, leremos com proveito o longo artigo que Eric Marty escreveu em seu *Pourquoi le XXeme siècle a pris Sade au sérieux?*, "Lacan et la Chose sadienne" (Paris: Éditions de Seuil [Collection Fiction et Cie.], 2011, pp. 171-267).

PREFÁCIO

"Ce qui tient ensemble" [O que mantém juntos][23]: "Para que a análise se torne possível, é necessário que o ato [perverso] mostre-se insuficiente para sustentar o sujeito"[24].

Formulo a hipótese, secundando-o, de que Gide encontrou o recurso necessário para manter juntos I, S e R, mas à custa de ter se submetido a repetidas passagens ao ato; e isso a ponto de ter tido de se entregar, solitário, a uma frenética masturbação, uma vez que não encontrava o objeto-adolescente — o ato assegurando, então, o lugar do quarto termo que enoda os outros três. Se o encontro traumático com o sexo achou por onde ser renegado, a obra recobriu também a relação com o impossível: não há impossível para quem não renunciou a nada. A obsessão sexual domina:

> [...] obsedado, assombrado, esperando talvez encontrar algum escape no próprio excesso, recobrar o azul além, extenuar meu demônio e só extenuando a mim mesmo, eu me despendia maniacamente até o esgotamento, até não ter diante de mim nada além da imbecilidade, da loucura.[25]

Eis a prova de que se, de um lado, Gide pôde sublimar na escrita, não pôde com ela fazer sinthoma — o seu gozo permanecendo "alhures". Bem pode ser que digam: Gide, um poema! Mas, sem dúvida, não se pode dizer que ele é poema; ele apenas firmou a obra reconhecida pelo simbólico, o social, salvando

---

[23]IZCOVICH, L. Ce qui tient ensemble. *In: Revue de l'EPFCL*, n. 14 [*Les symptômes, les affects et l'inconscient*], 2013, p. 47-53.
[24]*Ibid.*, p. 47.
[25]GIDE, A. *apud* Delay, J. *Jeunesse d'André Gide*, t. II: Paris: Éditions Gallimard, 1956, p. 176.

assim a face e a máscara pelos quais tinha tanto apreço, carregando hoje a marca do que não foi lido do artista, nem pelo artista.

Sem dúvida teria sido preciso sair da literatura e da filosofia ontológica para aperceber-se daquilo que Lacan professa em ...*ou pior*: "Pelo simples fato de falarem, vocês todos participam desse ser sem ser. Em contrapartida, o que se sustenta é a existência, na medida em que existir não é ser, é depender do Outro"[26].

É no que Lacan chama de "o fósforo das proezas de boa sorte", em que Gide, na brincadeira das suas primas, se viu convocado a entrar — entrar no jogo do Outro sexo —, que ele não escutou o chamado, a luz da qual as proezas têm de esperar a boa sorte, a oportunidade, no ponto em que toda moral desfalece e no qual só a ética pode fazer *diz-correr* em vez de *desapare-ser*.

As más línguas vão logo clamar que Gide não tinha ética, mas sem dúvida mais vale defender o escritor apoiando-se na questão da qual ele parte para, precisamente, estabelecer a "sua" ética: o homem ainda tem algo a dizer que não tenha sido dito, com a ideia de que ele teria de encontrar — porque ele é o que é — "uma espécie desconhecida de descobertas" que o levarão a saborear, no outro, "apenas as manifestações mais selvagens"[27]. E lá vem Nietzsche! O problema se deve à impossibilidade de Gide em escolher (os dois opostos juntos, sempre); porém, não escolher não deixa de ter consequências.

Deixemos com o próprio Gide:

---

[26]LACAN, J. (1971-1972) *O seminário, livro 19: ...ou pior*. Trad. V. Ribeiro. Rio de Janeiro: Editora Zahar, 2012, p. 103.

[27]GIDE, A. *apud* DELAY, J. *Jeunesse de Gide*, t. II: Paris: Éditions Gallimard, 1956, p. 562.

PREFÁCIO

Eu nunca soube renunciar a nada; e protegendo em mim, ao mesmo tempo, o melhor e o pior, vivi esquartelado. Mas como explicar que essa coabitação, em mim, dos extremos não tenha me causado tanto inquietude e sofrimento quanto uma intensificação patética do sentimento da existência, da vida? As tendências mais opostas nunca conseguiram fazer de mim um ser atormentado, mas perplexo — pois a tormenta acompanha um estado do qual se almeja sair, e eu não almejava escapar ao que punha em vigor todas as virtualidades do meu ser. Esse estado de diálogo que, para tantos, é quase intolerável, tornava-se para mim necessário... para mim, longe de desembocar na esterilidade, ele me convidava, ao contrário, para a obra de arte e antecedia imediatamente a criação; desembocava no equilíbrio, na harmonia.[28]

Gide ignorou o fato de que a letra feminiza; as milhares de cartas que escreveu não relevaram o desaparecimento das que Madeleine queimou. Uma pena, pois ele teria podido reconhecer nisso que era precisamente enquanto mulher que ele era desejante — fazer jus à tia! Ironia suprema: Gide não quis ficar para titia e ser maricona, preferindo ser fresco — o que, de todo modo, trincou a *lágide*[29].

Uma nova clínica se anuncia, convertida pelo dizer no enodamento do gozo e do amor com o desejo.

Uma importante abertura teórica (e não só teórica) perfila-se com isso e desloca o que é da ordem do normal — e, portanto,

---

[28]GIDE, A. (1923) *Journal*, t. I. Paris: Éditions Gallimard ("Collection Bibliothèque de la Pléiade"), 1939, p. 777-778.
[29]O ar fúnebre de Gide fez com que recebesse de Henri de Régnier a alcunha *Ci-Gide* ["Lágide"], que ressoa a expressão francesa *ci-gît* [aqui jaz], classicamente inscrita nas lápides. (N. de T.)

do limite fálico, da norma masculina fálica — para um "normal" para além do falo, para além do sentido, situando-se no cruzamento do imaginário e do real: não surpreende que a angústia advenha nesse ponto.

Deslocar a norma, aí está o que poderia ampliar a perspectiva dos *Gender studies* e não mais limitar os diversos feminismos à contestação do falo. Mas, ao contrário, afirmar a "inteireza da mulher" acrescenta algo de extrassenso, de extrassimbólico à norma: o normal, então, implica o além do falo, o além da castração para fazer valer — e isso positivamente — essa dimensão de algo suplementar.

A consequência obriga, na clínica, a ampliar o campo da neurose e a seguir Lacan quando ele faz da paranoia a normalidade (o borromeano generalizado dá consistência a essa perspectiva). É a isso que abre uma clínica que não se regra mais pela régua da metáfora paterna, e sim pelo gozo da mulher. Por isso que não é necessariamente psicótico o que se apresenta, na clínica, para além do falo e da convenção discursiva.

Segunda consequência: as mulheres que entram no comércio fálico — seguindo Lacan no caminho da inteireza da mulher — não atingem necessariamente essa inteireza. O gozo da mulher, segundo a conferência *Televisão*[30] e o seminário 20, é louco, enigmático. Ele é louco, extra-discurso... mas Lacan também acrescenta: enigmático. Forçosamente enigmático, visto que interdita... os ditos, não passando para o saber.

Em contrapartida, se não há nenhum enganchamento com a função fálica, então a resposta é psicótica, apresentando-se

---

[30]LACAN, J. (1974) Televisão. *In*: LACAN, J. *Outros escritos*. Trad. V. Ribeiro. Rio de Janeiro: Editora Zahar, 2003, p. 508-543.

PREFÁCIO

sob a forma alucinatória ou delirante. E o que a clínica evidencia, aliás, são sujeitos que podem ter uma inscrição no comércio fálico (mas para os quais as concessões feitas não são ilimitadas) e que, no entanto, apresentam, ou até mesmo reivindicam — em todo caso, recusam-se a abrir mão disto — o seu "grão de loucura" (que se escute aqui a canção: *toi ma petite folie, mon p'tit grain de fantaisie... toi qui bouleverse, toi qui renverse tout ce qui était ma vie* etc.[31]), a sua "maluquice", sem, no entanto, dar em alucinação ou em delírio.

Pode-se mensurar aqui o que essa clínica traz como deslocamento na relação homem-mulher.

O ato de Madeleine, que escapa ao sujeito, lê-se em suas consequências. A que "teve de fazer algo" para responder à traição. Como foi que ela seguiu em frente? De maneira muito notável, comutou esse extra-simbólico no silêncio mantido entre André e ela durante vários anos. O ato cometido se impôs ao sujeito Madeleine: ela nem o escolheu, nem o calculou. Mas esse ato "louco" não podia vir acompanhado de ditos, e o silêncio era a solução: silêncio no qual, aliás, ela permanecia desde a infância; silêncio em resposta aos descuidos e à partida da mãe, sobre os quais ela havia escolhido calar-se para não ter de fazer com que o pai soubesse que a mãe o enganava — logo, por fixação de amor ao pai.

É preciso se perguntar, no entanto, para além desse caso particular, se o silêncio não constitui a única resposta possível para um ato desse tipo — como o de Madeleine — e para todo ato de mulher em sua inteireza de mulher: manifestação da não

---

[31]Referência à canção *Ma petite folie*, de Line Renaud: "Você, minha loucurinha, meu grão de fantasia; você que revira, você que remexe tudo o que era a vida minha". (N. de T.)

relação sexual e passagem para o real. Por que Madeleine não recorreu ao suicídio? A minha hipótese se ampara menos numa justificativa religiosa do que na preservação da sua inscrição no laço fálico: tenho como prova o desengano de Gide, que releva esse longo silêncio, mas permanece atônito — ele próprio reduzido ao silêncio perante a continuação ostentada por ela em suas atividades domésticas e noutros costumes — e isso sem tirar nem pôr, como se a destruição das cartas não tivesse tido efeito algum sobre ela.

Vejo nisso a razão pela qual ela não afundou na psicose.

Lacan, desde sempre a propósito da letra — e isso desde o seminário sobre a carta roubada —, enfatizou o efeito da letra, o efeito feminisante da sua função, e não no sentido ou nas significações que ela encerra. A falta domina, o significante faz furo, mas a letra constitui borda entre real e saber inconsciente. Desaparecendo, as cartas queimadas também se prestam a isso: o incêndio instalou no lugar aquilo que Lacan escreve maravilhosamente: "que não oferece, no lugar ardente do coração, nada além de um buraco. Ela parece cravar-nos a queixa do amante no lugar deixado deserto no cerne do ser amado"[32].

No mesmo *Juventude de Gide*, Lacan diz explicitamente o efeito sobre Gide, então feminizado: "gemido [...] de uma fêmea de primata ferida no ventre"[33]. E, ao mesmo tempo, essa tirada da máscara (o fetiche não é o falo, ele só vela a falta) descobre o vazio que apanha o sujeito Gide desprevenido: ele é pego... de calças curtas. Ele que, até então, contava com uma "caução": um "contanto que" isso não se saiba referido ao seu gozo perverso.

---

[32]LACAN, J. (1958) Juventude de Gide ou a letra e o desejo. *In*: LACAN, J. (1966) *Escritos*, Rio de Janeiro: Jorge Zahar Ed., 1998, p. 774.
[33]*Ibid.*, p. 772.

PREFÁCIO

Não se poderia ler nisso o que, a partir do incidente (o incêndio), aos poucos vai se impor? A saber: a reivindicação coridoniana[34] do seu gozo, que Madeleine sempre se recusou a endossar ou a amparar, para o grande azar de Gide — que tentou diversas manobras para arrastá-la para isso. Será preciso esperar mais de dez anos para ele anotar, no diário íntimo, a causa das manobras: "Isso implicava uma espécie de contrato, a respeito do qual a outra parte não havia sido consultada; um contrato que eu lhe impunha; que eu só lhe impunha, de resto, porque a minha natureza impunha, a mim mesmo, as suas peremptórias condições"[35].

Com o fogo candente das letras, o incêndio vai fazer surgir a figura do Um sem dito — do Uma sem dito, mais exatamente —, de um lado, e do Um que se esgoela/se escreve, do outro. A extraordinária profusão das correspondências de Gide (cerca de 30.000 cartas recenseadas), no entanto, não poderá colmatar o furo da destruição; furo definitivo que ela inflige não somente a André, mas também a todo leitor, visto que, com efeito, deve-se — em se tratando das consequências do ato — indagar sobre o endereçamento das cartas: eram para Madeleine? Eram para quem, na realidade?

Seguindo o fio de Jean Delay e, na sua esteira, Lacan — a saber, a preocupação de Gide quanto à sua biografia por vir, "arca da minha memória"; e quanto à posteridade, a eternidade —, pode-se deduzir disso que Gide só escrevia essas cartas para ele

---

[34]Referência ao conjunto de ensaios escritos por Gide sobre a homossexualidade. Cf. GIDE, A. ([1911-20]1924) *Córidon*. Trad. H. de Garcia. Rio de Janeiro: Nova Fronteira, 1971. (N. de T.)
[35]GIDE, A. *Et nunc manet in te – suivi de Journal intime*. Neuchâtel: Éd. Ides et Calendes, 1951, p. 91.

próprio. Como chegou a escrever, ele esperava que essas cartas fossem o arquivista da sua memória.

Podemos considerar que *Les cahiers de la petite dame* [Os cadernos da senhorinha][36] deu sequência a essa tarefa? Uma vez pontuado que não é mais Gide quem escreve, mas Maria Van Rysselberghe — nos moldes de Gide, aliás: anotando os fatos, os pensamentos cotidianos e os projetos de romance puro —, é preciso justamente confessar que essa gigantesca empreitada de memória (33 anos de anotações quase cotidianas) foi em vão, seja qual for, aliás, o seu grande interesse, não só para o que concerne a Gide, mas também ao meio literário na França e no exterior da época (bendita época, que fazia com que se encontrassem Gide e Pierre Louys, Proust, Valéry, Martin du Gard, Cocteau, Aragon, os Klossowski, Jean Genêt, Schlumberger, os Allégret... e Stalin! Sem falar dos Van Rysselberghe, dos Mayrisch e de Oscar Wilde — o maldito que iniciou Gide).

O lugar deixado vazio pelo fogo deixou uma marca indelével, e é esse lugar envolto em silêncio que diz do verdadeiro Gide: queima do inautêntico.

Esses cadernos-testemunhos têm seu início no dia do Armistício de 1914-18, pré-firmando a paz por vir — paz fracassada de Versailles que não tratou em nada da atroz carnificina dessa "nova" guerra. Sombrio presságio da que estava por vir e da sua solução final, mas sombrio presságio também desses cadernos, iniciados só dez dias antes do ato separador: o ato de destruição de Madeleine.

---

[36]VAN RYSSELBERGHE, M. (1918-1951) *Les Cahiers de la petite dame*, tt. I-IV. Paris: Éditions Gallimard ("Les Cahiers de la NRF"), 1973-1977.

PREFÁCIO

Com esses cadernos repete-se o que as cartas deviam ter como função: endereçadas a Madeleine, elas queriam atingir o biógrafo e os leitores, reunidos para trabalhar por um Gide eterno. Maria, por sua vez, escreve sobre Gide para Aline Mayrisch, chamada de *"Loup"* [Loba], sua grande amiga "mascarada".

Mau presságio também quando Maria perdeu, num dia do ano de 1925, a bolsa que continha três dos cadernos que ela estava redigindo e que ela "reconstituiu", a pedido de Martin du Gard, sob a forma hoje conhecida do *Caderno III-bis*[37] — em que estão consignadas as lembranças, encontradas na memória de Maria, relativas ao período de 1905-1916 (ano da crise mística de Gide, mas também ano da morte de sua mãe — seguida de perto por seu noivado e pelo seu casamento com Madeleine).

Gide não fez de Madeleine o seu sintoma, decerto; mas ele não pôde, sobretudo, tomar nota do ato da sua mulher — contrariamente às suas alegações. O texto de Lacan, *A letra e o desejo*, cliva da sua função a mensagem veiculada pela carta. E se hoje sabemos o sentido da mensagem, também podemos dizer que sua função escapou a Gide quanto ao seu alcance, e isso pelas razões sintomáticas conhecidas. Ele permaneceu cego, não tanto em relação às consequências da privação humana imposta à sua mulher, mas à função da letra no inconsciente.

O literato, o escritor permaneceu na renegação que incidia sobre a castração; renegação que o compeliu a esse gozo pederástico cuja potência se mensura pelo atentado ao pudor cometido contra uma criança de oito anos, filho da família que o hospedava quando da viagem com Marc Allégret para

[37]*Idem.*

a Inglaterra — época em que, notemos, o seu amor por Marc estava em seu ápice! Bastou Marc se instalar na casa do seu professor de inglês para André não conseguir se segurar, cometendo o ato que lhe custou ser enxotado pelo pai do garoto.

Lacan interpreta o recuo do desejo, um desejo deixado no deserto, pela correlação, para Gide, quando criança, entre a morte do pai e o envolvimento do amor despótico da mãe — complicados pelos *Schaudern* e, notação clínica muito precisa, pela transmissão das fantasias da mãe à criança. O deserto tunisiano — oportunidade, para Gide, acompanhado de Paul Albert Laurens, de experimentar por procuração a heterossexualidade — lhe revelará, ao contrário, a sua homossexualidade em sua forma pederástica.

Lacan ensina que o desejo depende da economia da letra; isso porque ele escreve que "a letra *e* o desejo", e não "a letra ou o desejo": intuição antecipatória formidável, que vai se traduzir nos desenvolvimentos ulteriores da doutrina do sintoma como função da letra, a qual supõe que "o desejo que é falta", resultante do fato de que não há relação sexual, está atado àquilo que o supre, a saber, o gozo irredutível e o amor.

O "não-borromeanismo" de Gide (sabe-se que a perversão é a estrutura que corresponde ao empilhamento dos círculos não atados pelo quarto sinthoma), garantido pelo fracasso em fazer, de uma mulher, sinthoma, escreve mais o "mulher santa, filho perverso" do que o amor como meio entre gozo e desejo. O não-nó do amor, do desejo e do gozo através da letra impossibilita, para ele, a saída do "representar-se" ao qual tanto se atinha. Será que ele teria obtido melhor resultado caso tivesse continuado a análise com E. Sokolnicka? O pequeno Boris, atendido por ela — e que evoca Gide criança; seu duplo romanesco,

PREFÁCIO

de certo modo —, suicida-se em *Os moedeiros falsos*[38]. Gide interrompeu o tratamento ao cabo de seis sessões e Lacan dá um veredito inapelável em seu texto — Sokolnicka: simpática, mas não à altura da tarefa.

O ato de Madeleine, ato único, no entroncamento das leituras possíveis, conserva a sua originalidade e o seu alcance: ele permanece como sendo o furo central de onde nenhum nome do pai jamais será cuspido de volta. Resta que ela indique, assim, que soube — sem saber — ficar íntima do vazio da Coisa, ao qual ela nos adjudicou para sempre. E essa intimidade nos fez entender que ela não lhe deu espaço para o imperioso desencadeamento alucinatório do "Mate-se!". O segredo preservado do afastamento materno recobre o coração ardente, os batimentos desse coração que animam o amor sem limite pelo pai. O ato da mulher pode coexistir com o amor do pai.

E Lacan ironiza: "Pobre Jasão, que, tendo partido para a conquista do tosão dourado da felicidade, não reconhece Medeia" ... Ele não sabe ler essa "troca fatídica pela qual a letra assume o próprio lugar de onde o desejo se retirou"[39].

Quando o crepúsculo da vida invade pouco a pouco o espaço e põe fim ao nomadismo de Gide, o velho homem já não tem recurso para além de se reclinar numa espreguiçadeira debaixo de um guarda-sol para se alimentar da alegria de acompanhar o espetáculo de um bando de rapazes volitando ao seu redor.

Talvez tivesse sido melhor se inspirar em René Char, de *Lettera amorosa* [Carta de amor]: "Não é simples permanecer

---

[38]GIDE, A. (1925) *Os moedeiros falsos*. Trad. M. Laranjeira. São Paulo: Estação Liberdade, 2009. (N. de T.)
[39]LACAN, J. (1958) Juventude de Gide ou a letra e o desejo. *In*: LACAN, J. (1966) *Escritos*, Rio de Janeiro: Jorge Zahar Ed., 1998, p. 773.

erguido sobre a onda da coragem quando se segue com o olhar um pássaro que voa ao cair do dia"[40].

Talvez ele tenha feito a opção sobre a qual escreve Char na mesma página: "Essa hibernação do pensamento ocupado por um só ser que a ausência se esforça por situar no meio do caminho entre o factício e o sobrenatural". É que ele havia perdido, para sempre, "a sua flor de gravidade".

Essa flor de gravidade é plantada — por Lacan, em seu texto — no lugar em que a morte do pai de Gide invalidou a palavra: "a morte levou, com seu pai, aquela [palavra] que humaniza o desejo. Por isso é que, para ele, o desejo fica confinado ao clandestino.[41]

Madeleine, submetida à mesma insígnia — redobrada pela recusa da mãe e a sua entrada no silêncio definitivo até a morte dessa — não realiza menos a recomendação de Lacan: "Uma ética se anuncia, convertida ao silêncio, não pelo caminho do pavor, mas do desejo"[42]. Certamente... mas não sem a psicanálise, ou seja: a experiência de uma análise, à qual Gide acreditou poder se furtar taxando Freud de "gênio imbecil".

O fulgor do gozo da mulher

Classicamente, uma estrutura perversa (masoquista) pode se estabelecer quando de uma operação de separação em relação à perversão materna (perversão arcaica da época em que a mãe prestou os primeiros cuidados e provocou, assim, alguma excitação erógena).

---

[40]CHAR, R. (1953) *Lettera amorosa*. Paris: Editions Gallimard ("Poésies"), 2007, p. 47.

[41]LACAN, J. (1958) Juventude de Gide ou a letra e o desejo. *In*: LACAN, J. (1966) *Escritos*, Rio de Janeiro: Jorge Zahar Ed., 1998, p. 764; trad. modificada.

[42]LACAN, J. (1960) Observação sobre o relatório de Daniel Lagache. *In*: LACAN, J. (1966) *Escritos*, Rio de Janeiro: Jorge Zahar Ed., 1998, p.691.

PREFÁCIO   35

Lacan apontou — e até mesmo frisou — a devastação mãe-filha, mas também não deixou de retomar esse termo "devastação" na relação homem-mulher.

O homem masoquista casado com uma mulher que se casa com a fantasia dele, que se presta como objeto a para a fantasia do homem — ilustrando a falta de limites da sua concessão em se fazer objeto do gozo fantasístico do homem —: o masoquismo feminino é uma fantasia masculina.

Este livro é a oportunidade para se perceber que "encarnar o falo absoluto é outra coisa que não a intriga histérica" (o "O que quer uma mulher?" no qual Freud se deteve). É ao encarnar o falo absoluto que a homossexual garante para si um saber superior, superior por não correr nenhum risco de angústia de castração ou de detumescência: ela não corre o risco de considerar o falo como sendo um significante.

É o Lacan de ...*ou pior* quem traz a solução, indicando simultaneamente a facilidade que a homossexual tem de sustentar o discurso sobre o amor, mas também o fato de que "é claro que [isso] a exclui do discurso psicanalítico, que ela mal pode balbuciar"[43].

A leitura dos três primeiros capítulos consagrados às fórmulas da sexuação, e que interrogam a função de existência, leva a formular a seguinte hipótese: a perversão como estrutura só pode ser afirmada ao se levar em conta o gozo da mulher, específico e suplementar (suplementar, mas extra-linguagem, extra-simbólico).

A chave não está no suplemento — a homossexual reivindica, também ela, um suplemento —, mas na abordagem do gozo específico, que é da ordem do J(Ⱥ), que liberta as mulheres do

---

[43]LACAN, J. (1971-1972) *O seminário, livro 19: ...ou pior*. Trad. V. Ribeiro. Rio de Janeiro: Editora Zahar, 2012, p. 18.

pretenso masoquismo feminino e abre para esse lugar crucial do S(Ⱥ).

Notemos, de passagem, que a questão do perverso como defensor da fé e servo de Deus encontra-se singularmente reorientada. A perversão goza do simbólico por meio do recurso imaginário, mas é a adjunção, a intrusão do real que muda radicalmente as cartas do jogo. É por isso que a homossexual, mas também a histérica, dão a resposta do lado do amor, sem falar do caso em que falta a mediação fálica — o que Lacan resume dizendo: a homossexual não é a essência da mulher; não mais que a castração, aliás. É o que autoriza a não se apoiar mais apenas na dialética fálica e na função Fx (especialmente a da exceção), mas a introduzir as consequências de levar em conta essa função que introduz a falta na forma de um Real: Não-Todo, visto que esse Não-Todo é a raiz da escrita do Não-Uma (Não existe uma mulher para a qual a função Fx não seja negada).

A resposta ao gozo suplementar da mulher só pode orientar e resolver o que se apresenta como flutuação entre o traço e a estrutura perversa.

Este livro faz pensar que valeria a pena desenvolver essa hipótese, que apenas a clínica permite verificar, amparando-se no que a experiência da análise do sujeito perverso — escutado a partir dos dados que Lacan aventou ao final do seu ensino — pode trazer como mudanças na estrutura.

Lacan mostrou, no seminário 6, como a sua abordagem da questão do desejo no tratamento pode mudar a estrutura da neurose. Resta localizar e isolar o caso da perversão estrutural: o caso desenvolvido por L. Izcovich abre, nesse sentido, o caminho da pesquisa clínica por vir.

Bordeaux, 18 de outubro de 2015.

1

A perversão generalizada e a estrutura perversa

Pode-se constatar um fato, evidente a partir da orientação dada por Lacan à clínica psicanalítica, que é o de referir-se — seguindo Freud de modo estrito — a três estruturas clínicas: neurose, perversão e psicose. Porém, nas referências à clínica analítica, os analistas que se valem do ensino de Lacan, em sua grande maioria, relatam fenômenos ligados à neurose ou à psicose, deixando a perversão num lugar marginal. Quanto à perversão, a referência usual na clínica está mais para traço de estrutura, bem pouco evidenciada como estrutura em si. A pergunta que se impõe é a da existência ou não da perversão como estrutura clínica específica, dos seus fenômenos e do que pode constituir a sua essência. Para isso nos serviremos das posições clássicas adotadas por Freud e a leitura que Lacan pôde fazer delas — ora permitindo formalizar a mensagem freudiana, ora introduzindo descontinuidades e diferenças. Tratar-se-á, nesses casos, de isolá-las e determinar as consequências clínicas com o objetivo de apontar um tratamento possível da perversão a partir da psicanálise.

A necessidade dessa abordagem da questão surge como resposta ao que consideramos um preconceito analítico que começa desde os primórdios da psicanálise e que se pode resumir assim: os sujeitos perversos não se dirigem à análise; e, quando o fazem, a análise torna-se impossível.

A fim de demostrar que essa posição não se justifica, pelo menos a partir da orientação dada por Lacan à psicanálise, é necessário realizar um percurso pela gênese da categoria de perversão.

O termo é utilizado na linguagem corrente para designar fenômenos diversos no campo da clínica psiquiátrica, mas com uma extensão que ultrapassa as definições dadas pela psiquiatria. Seu uso corrente é equivalente a tudo o que possa parecer fora da norma. Há, portanto, uma extensão maciça do termo que contrasta com a queda em desuso da categoria clínica. A extensão maciça é relativa ao fato de que, se a norma é fixada pelo social, todo comportamento que inclua um desvio pode ser definido como perverso. Aí já se percebe um desvio do uso do termo, pois inicialmente a perversão correspondia a uma entidade clínica muito precisa, bem delimitada pelos psiquiatras do final do século XIX e do início do século XX, sobretudo com Krafft-Ebing, e que constituiu o ponto de partida de Freud — que fixou, assim, a sua referência, a ponto de incluí-la entre as entidades clínicas que ele distinguiu como neurose, perversão e psicose. Isto é, desde a época de Freud já existia a ideia da perversão. O que se trata de saber é: o que é que a psicanálise

A PERVERSÃO GENERALIZADA E A ESTRUTURA PERVERSA | 39 |

oferece, em relação à psiquiatria, quanto à estrutura clínica da perversão, e qual é a posição de Lacan que permite sair do preconceito da incompatibilidade entre a estrutura perversa e a possibilidade de uma psicanálise?

Notemos que, desde o início, o uso corrente do termo "perversão" desvirtua a especificidade do que Freud pensou em relação à perversão seguindo a concepção clássica — isto é, a perversão como um desvio, mas unicamente relativo à esfera da sexualidade. Em nenhum caso se trata, para ele, de conceber a perversão como transgressão de um comportamento ou como um desvio em relação à lei. Em Freud está claro, perversão concerne unicamente a desvio sexual. Desenvolveremos ulteriormente o que se entende por desvio sexual e veremos se é, na realidade, o que ele cogitou; e, inclusive, qual é a sua posição, caso se tome o conjunto da sua obra. Quanto a Lacan, cabe anotar que existe uma série de definições em relação à perversão. Elas mudam ao longo de seu ensino, e a questão que se trata de captar é se existe uma coerência entre as distintas definições ou se há uma ruptura também dentro do ensino de Lacan quanto ao modo de abordar a perversão.

Dado que minha proposta não é fazer nem uma cronologia progressiva, nem um inventário exaustivo dos avanços teóricos com relação à perversão, permito-me fazer referência a definições sobre a questão que me parecem cruciais, já que são elas que constituem o ponto de Arquimedes para ordenar a clínica da perversão a partir de uma perspectiva que não é a clássica. Considero como perspectiva clássica aquela que levou a abandonar a possibilidade de análise na perversão. Por conseguinte, começo com esta definição de Lacan do seminário *De um outro ao Outro*, que não é das primeiras com relação à perversão, e na

A PERVERSÃO E A PSICANÁLISE

qual ele pondera o seguinte: "a perversão é a estrutura do sujeito para quem a referência da castração, isto é, o fato de a mulher se distinguir por não ter o falo, é tamponada, mascarada, preenchida"[1]. O que se trata de ver nessa referência é que ela retoma a tese de Freud. A tese que ele mantém, ao longo de toda a sua obra, é a de estabelecer uma afinidade entre a perversão e o fetichismo.

A conjunção entre perversão e fetichismo sugere a ideia de uma escolha inconsciente do sujeito, segundo a qual o fetiche é um substituto do falo que falta na mãe. Dito de outro modo, a criança acreditou, em dado momento, na existência do falo na mãe; ficou sabendo que isso não era possível, mas opôs-se a admitir a realidade da sua percepção. Isso quer dizer que há, em Freud, uma lógica perceptiva e uma tomada de posição em relação a ela. Quando indico que se trata de tomada de posição, refiro-me a um decidir inconsciente, que se traduz na recusa da realidade da percepção percebida. A primeira reação do sujeito futuro perverso é que, diante da experiência da falta no Outro primordial — encarnado essencialmente pela mãe —, emerge um afeto, o horror perante o que não existe e perante o que o sujeito supunha como existente. Trata-se de uma reação geral no sentido em que concerne a todo sujeito, e não unicamente ao sujeito perverso. Ela fica particularmente escondida, sem deixar rastro na lembrança. A reação só é dedutível a partir dos efeitos na estruturação do sujeito; portanto, a especificidade da perversão, seguindo essa concepção, é relativa aos efeitos perante essa reação.

Em face da percepção guiada pelo afeto de horror, o que é característico da perversão é a tentativa de compensação.

---

[1]LACAN, J. (1968-1969) *O seminário, livro 16: De um Outro ao outro*. Trad. V. Ribeiro. Rio de Janeiro: Editora Zahar, 2008, p. 283.

Isso quer dizer que o sujeito constitui um monumento no lugar da falta. O monumento comemora, como todo monumento, o momento do encontro com a falta. No lugar da falta erige-se, então, um monumento ao falo. Isso quer dizer que, em vez de rememorar o acontecimento, erige-se um objeto que funciona como o indicador do que aconteceu. Essa é a tese de Freud. Ela não exclui a persistência de um fato de estrutura que ele vai designar como o estigma indelével que é o estupor diante dos órgãos genitais reais, isto é, a percepção da falta de pênis na mulher. Essa tese de Freud aparece já em 1910, e Lacan a mantém: a tese de que há sujeitos para os quais a condição da satisfação erótica é a de colocar um objeto como substituto do que falta à mulher em nível genital. Se retomamos a proposta de Lacan sobre a perversão na citação indicada anteriormente, em que ele assinala que "é a estrutura do sujeito para quem a referência da castração, isto é, o fato de a mulher se distinguir por não ter o falo, é tamponada, mascarada, preenchida", confirmamos que se situa na mesma perspectiva que Freud.

Em primeiro lugar, há um saber que se constituiu para o sujeito. O sujeito sabe que há uma falta no Outro.

A falta comporta uma consequência irredutível: o sujeito sabe que a castração existe. Mas, de um modo concomitante, comporta-se como ela se não existisse. É a base do artigo de Freud *A cisão do eu no processo de defesa*[2]. O sujeito sabe, mas se comporta ao mesmo tempo como se a castração não lhe dissesse respeito. A partir da perspectiva de Lacan, o que está em

---

[2]FREUD, S. (1938) A cisão do eu no processo de defesa. In: FREUD, S. *Obras completas*, vol. 19: Moisés e o monoteísmo, Compêndio de psicanálise e outros textos. Trad. P. C. de Souza. São Paulo: Companhia das Letras, 2018, p. 345-350.

questão é que o sujeito inventa um saber fazer com o falo para recobrir a castração. Desse modo, o falo mascara, coloca um véu na ausência e é requerido a cada vez que essa pode se revelar — isto é, em cada encontro possível com a falta de órgão. O falo é um recurso necessário, portanto, sobretudo no momento do encontro sexual com o outro. Dito de outro modo, Lacan prolonga a referência freudiana do fetichismo como sendo a essência da perversão. Ademais, a tese de Lacan é a de que Freud se serve da sua elaboração em relação à perversão para elucidar a estrutura e a função do desejo humano. É o que, de modo claro, Lacan demonstra a partir da função do véu, que esconde e mostra um para-além fazendo existir a função do falo. É assim que ele afirma, em 6 de fevereiro de 1957, que o fetichismo constitui um exemplo fundamental da dinâmica do desejo e de seus paradoxos, e sustenta que, "no que diz respeito ao desejo, ele [o pensamento freudiano] partiu do desejo perverso"[3].

Ora, quando Lacan formula — como faz neste mesmo seminário *De um outro ao Outro* — que, "para o perverso, é preciso que haja uma mulher não castrada"[4], desta vez a referência não é ao fetichismo — que, de fato, inclusive não é evocado nesse seminário. Sua definição inclui o fetichismo, mas é muito mais complexa. Trata-se de uma definição da perversão que se distancia de uma definição que estaria em função de uma norma sexual.

Façamos, então, uma primeira constatação. A perversão não é nem desvio da norma, nem sequer o desvio de uma norma sexual, e isso por uma razão muito simples — e esta é a tese de

---

[3]LACAN, J. (1956-1957) *O seminário, livro 4: A relação de objeto*. Trad. D. D. Estrada. Rio de Janeiro: Editora Zahar, 1995, p. 167.
[4]LACAN, J. (1968-1969) *O seminário, livro 16: De um Outro ao outro*. Trad. V. Ribeiro. Rio de Janeiro: Editora Zahar, 2008, p. 284. (N. de T.)

A PERVERSÃO GENERALIZADA E A ESTRUTURA PERVERSA 43

Lacan —: a norma sexual não existe. Isso é evidente quando ele desloca o eixo na sua abordagem da perversão, colocando como centro de sua exploração a relação com o fetichismo — algo que ele fez em seus primeiros seminários e que retomarei adiante —, para erigir outro centro e explorar a perversão em relação ao que chamou de "sua única invenção" na psicanálise: o objeto pequeno *a*. Dito de outro modo, é a partir do momento em que Lacan introduz a definição do objeto *a* como mais-de-gozar que ele desloca, ao mesmo tempo, a sua abordagem da perversão. Nesse sentido, o seminário *De um outro ao Outro* constitui uma referência fundamental para a orientação lacaniana da perversão. Trata-se, portanto, de saber o que essa referência ao objeto *a* e à perversão quer dizer, de onde vem e o que ela traz.

Volto para bem antes, em Freud, para mostrar que a questão do objeto *a* e a relação com a perversão tem suas premissas em Freud. Quer dizer que há uma lógica na constituição do conceito, o que nos esclarece em relação à clínica analítica, ao mesmo tempo que constitui uma mudança no que se refere à posição do analista.

Há dois pontos que merecem ser levados em consideração e que são o correlato de duas observações feitas por Freud em suas cartas a Fliess — elas antecipam de um modo claro as elaborações de Lacan em relação à sexualidade. A primeira é em relação a uma mudança teórica em Freud quando ele afirma: "não acredito mais em minha neurotica"[5]. Trata-se de uma referência à histeria, indicativo de uma virada em Freud, já que testemunha

---

[5]FREUD, S. (1897) Carta a Wilhelm Fliess de 21 de setembro de 1897. *In*: J. M. Masson [org.] *A correspondência completa de Sigmund Freud para Wilhelm Fliess (1887-1904)*. Trad. V. Ribeiro. Rio de Janeiro: Imago, 1986, p. 265. (N. de T.)

uma mudança quanto à concepção causal da histeria. Tal virada é relativa, então, à causa traumática; Freud coloca em questão, a partir desse momento, o que ele anteriormente havia sustentado — isto é, que a histeria como estrutura clínica tem seu ponto de origem em um pai perverso. Esta foi a sua primeira tese: pai perverso, filha histérica. Dito de outro modo, Freud estabelece ali a passagem de uma teoria traumática, baseada na perversão do pai, a uma teoria da fantasia que enfatiza, já naquela época, a participação do sujeito no trauma de que padece: uma teoria baseada na fantasia. O que isso quer dizer? Trata-se de uma teoria segundo a qual existe uma interpretação, por parte da criança, em relação a qual foi o desejo dos pais. É o primeiro momento em que aparece, na psicanálise, a noção de que o sujeito tem sua parte de responsabilidade nos males que o afligem.

A outra consequência da afirmação freudiana é a de introduzir uma delimitação no que se refere à teoria causal. A proposição que Freud havia generalizado, quanto à perversão do pai em todos os casos de histeria, fica obsoleta. Daí surge imediatamente uma pergunta que se coloca em relação à histeria, mas de um modo muito mais geral, em relação à causalidade. Ela seria: a especificidade nas estruturas clínicas reside no modo de interpretar o desejo do Outro? É suficiente dizer que a estrutura clínica é a consequência de uma interpretação do desejo do Outro? Mais radicalmente, se a virada de Freud consistiu em introduzir a causa fantasística em relação ao trauma, pode-se dizer que o que distingue neurose, perversão e psicose é somente um modo específico do uso da fantasia em cada uma dessas estruturas?

Claro que se pode responder que todo o desenvolvimento de Freud em relação à criança e à pulsão demonstra que a essência

A PERVERSÃO GENERALIZADA E A ESTRUTURA PERVERSA 45

humana não pode se limitar apenas a uma questão de interpretação do desejo do Outro. Pode-se também considerar que o ensino de Lacan está orientado pela ideia de não relativizar a pulsão, isto é, de que a questão fundamental é como o desejo se enoda, de que é sempre um desejo em relação ao Outro, e isso sem descuidar da questão de como esse desejo se enoda à pulsão — que é uma marca, no corpo, da demanda do outro.

Volto agora à segunda citação de Freud que me pareceu essencial quanto a situar as premissas do objeto *a* como mais-de-gozar. Ela se encontra na *Carta a Wilhelm Fliess de 30 de maio de 1896*[6], na qual ele tenta delimitar o encadeamento das cenas que podem ter chegado a produzir uma ou outra estrutura clínica. O essencial para Freud é que as cenas sexuais infantis são traduzidas em sintoma, como efeito da intervenção do recalcamento. Essa é uma questão central para ele e não vai mudar; e, de fato, tampouco muda em Lacan. O sintoma é, seguindo essa perspectiva, uma expressão noutra língua, e é isso que demonstra que o sintoma requer uma interpretação.

O que é a interpretação em psicanálise? É a restituição do que aparece numa nova língua com o objetivo de encontrar a língua original do sujeito. Essa é a matriz da proposição freudiana sobre a interpretação. Dito noutros termos, Freud não diz algo diferente daquilo que Lacan exige do analista quando afirma que, em análise, trata-se de uma decifração. Na decifração, aquilo de que se trata é traduzir de uma língua a outra. E Lacan formula as coisas exatamente na mesma direção quando afirma que, numa

---

[6]FREUD, S. (1896) Carta a Wilhelm Fliess de 30 de maio de 1896. *In*: MASSON, J. M. [org.] *In*: J. M. Masson [org.] *A correspondência completa de Sigmund Freud para Wilhelm Fliess (1887-1904)*. Trad. V. Ribeiro. Rio de Janeiro: Imago, 1986, p. 188-191.

análise, trata-se de uma prática de leitura. O inconsciente traduz — as formações do inconsciente que o digam. A tradução é um modo de continuar dizendo, mas através de uma outra língua. Aqui ganha sentido o valor da interpretação, que é o de extrair o efeito do recalcamento para tentar captar qual o material que precedeu o sintoma. A interpretação aponta para a restituição da língua original. O analista, portanto, traduz aquilo que o inconsciente, num primeiro momento, traduziu à sua maneira. Digamos que, até então, todos os analistas — todas as correntes analíticas inclusas — poderiam concordar com esta proposição minimalista, mas que é essencial, uma vez que constitui o fundamento da interpretação: na análise analisa-se com a perspectiva de resgatar a língua original do sujeito, a qual foi afetada pelos efeitos do recalcamento.

Ora, o ponto crucial ao qual quero chegar é que Freud evocou uma outra dimensão, que designou claramente como o excedente sexual que não pode passar à tradução, já que ela está impedida. Dito de outro modo, essa formulação do excedente sexual antecede em quase dez anos a sua elaboração sobre as teorias sexuais infantis que aparecem, de um modo explícito, em *Três ensaios sobre a teoria da sexualidade*[7]. É a partir da noção de "excedente sexual" que Freud vai colocar como centro, no desenvolvimento da criança, a questão da pulsão; e, nesse sentido, os *Três ensaios sobre a teoria da sexualidade* constituem o modo de plasmar essa concepção. Dito de outro modo, Freud percebeu muito rapidamente que existe um nível em relação

---

[7]FREUD, S. (1905) Três ensaios sobre a teoria da sexualidade. *In*: FREUD, S. *Obras completas*, vol. 6: "Três ensaios sobre a teoria da sexualidade, Análise fragmentária de uma histeria (O caso Dora) e outros textos". Trad. P. C. de Souza. São Paulo: Companhia das Letras, 2016, p. 13-172.

ao inconsciente que depende da operação do recalcamento sobre as cenas sexuais infantis, e existe outro nível que escapa à captação dessas cenas pelo inconsciente — e o que escapa é esse excedente sexual. Lacan, ao que me parece, de um modo coerente, restabelece essa leitura de Freud; e, nesse sentido, quando aventa o termo "mais-de-gozar", ele é o único que faz uma proposta, na psicanálise, que inclui o excedente sexual.

O mais-de-gozar, como não vê-lo como uma retomada daquilo que Freud chamou de excedente sexual? O que é, na verdade, o mais-de-gozar? O mais-de-gozar é a parte do sexual que faz objeção a entrar na linguagem e que, não obstante, busca ser absorvido, subsumido de algum outro modo. Dito de outra maneira: o recalque é o que produz a conversão de uma língua em outra; e é, portanto, o que dá origem ao sintoma. Isso, porém, deixa de lado o excedente sexual que está operando para cada sujeito. Cabe igualmente se perguntar qual é a origem desse excedente; o que é, ao mesmo tempo, um modo de perguntar: de onde surge o mais-de-gozar? Trata-se de uma compensação relativa à estruturação do ser humano. Torna-se humano a partir da entrada na linguagem. Isso não comporta apenas um ganho dado pela aquisição do uso da palavra. A entrada da linguagem no corpo comporta, ao mesmo tempo, uma perda que é patente na observação dos bebês. O corpo deixa de ser um puro organismo que reage aos estímulos. A entrada na linguagem ordena, limita, organiza, mas a partir da produção de uma negativação. A linguagem vem acompanhada, portanto, de uma redução de gozo. A dita perda concomitantemente se associa à necessidade de recuperar, por outro meio, o gozo perdido. É assim que se estrutura um empuxo aos objetos capaz de trazer o complemento que venha a compensar o gozo perdido. O mais-de-gozar é, assim, o que funciona para cada um como empuxo à busca desses objetos. Se admitimos — essa é a minha proposta — a equivalência entre o excedente sexual que Freud percebe e o mais-de-gozar proposto por Lacan, pode-se chegar à conclusão de que Freud e Lacan tentaram responder à mesma pergunta, a saber: como um sujeito pode integrar em si aquilo que, por definição, o ultrapassa? — já que a linguagem demonstra-se insuficiente para realizar a operação que seria a de incluir o que aparece em excesso.

O que esse questionamento demonstra é que, no fim, uma análise não pode se limitar a ser uma operação de decifração. Essa é a razão pela qual, é claro, tanto um quanto outro — Freud e Lacan — se interessaram pelo inconsciente, sua estrutura e seu devir na transferência, mas não se limitaram a ordenar a clínica analítica a partir da relação do sujeito com o seu inconsciente. Interessaram-se, obviamente, pela questão das formações do inconsciente, mas sobretudo abordaram a relação com a pulsão. Sobretudo Lacan — depois de ter abordado a noção de como se estrutura a pulsão —, que introduziu a noção de uma aparelhagem de gozo; chamou-a, em francês, de *appareillage de jouissance*, aparelhagem de gozo, no sentido de um conjunto de andaimes para tratar o gozo.

Appareillage é o modo segundo o qual o gozo pode entrar num dispositivo. O que há de comum nessa perspectiva, designado como dispositivo pulsional ou aparelhagem de gozo, é que a pulsão, como o gozo, não são termos que designam de um modo puro a parte do sujeito na estrutura completamente separada do que vem do Outro. Bem se poderia ficar tentado a fazer esta oposição: de um lado, o inconsciente como ligado ao discurso do Outro; do outro lado, a pulsão ou o gozo como desconectados do que vem do Outro. Essa não é nem um pouco a ideia de Lacan. Quando, por exemplo, ele define a pulsão como ligada à demanda do Outro — ou também quando formula que a pulsão é o eco, no corpo, de que há um dizer do Outro —, o que se coloca em evidência é a necessária articulação entre o simbólico, como efeito de discurso, e o real, como localização do gozo na experiência do corpo. Isso não significa que o simbólico é o que vem do Outro e o real é o que vem do sujeito, já que há um real que está em conexão com o que vem do Outro. Inversamente, pode-se sustentar que não há acesso ao real sem o simbólico. Isso pode ficar mais claro se pensamos que sem a experiência do simbólico o sujeito não teria acesso à experiência do corpo que o ultrapassa. Não há como evocar um sujeito do gozo sem a relação com a linguagem.

Ora, qual é a relação com a perversão nisso tudo? É exatamente na medida em que Lacan leva em conta a perspectiva do excedente sexual que ele não vai limitar a perversão a uma definição ligada ao uso da fantasia. Essa ideia de considerar a perversão unicamente a partir do ângulo da fantasia é o que se percebe na tese de Freud quando ele evoca que "a neurose é [...] o negativo da perversão"[8]. Deduziu-se, a partir daí — e isso ainda é um fato atual —, que a distinção entre a neurose e a perversão é que o neurótico não atua a fantasia enquanto o perverso é aquele que o faz, isto é, o perverso passa ao ato enquanto o neurótico o inibe. Se seguimos essa concepção, partimos da base de que aquilo que define a perversão é um uso específico da fantasia. O que estou tentando demostrar é que, seguindo Lacan, não se pode reduzir a definição da perversão a essa fórmula de Freud.

[8]*Ibid.*, p. 63 (N. de T.)

Na definição que Lacan dá — volto mais uma vez ao seminário *De um outro ao Outro* —, ele evoca a dupla perspectiva de Freud; isso porque, de um lado, ele vai se referir, à sua maneira e com os seus termos, a uma dimensão que se pode correlacionar com a do excedente sexual aventado por Freud; e, de outro, vai evocar uma dimensão que se pode colocar em conexão com o que se transmite de uma geração a outra.

Assim, quando Lacan formula que a perversão é "onde o mais-de-gozar se desvela nuamente", ele agrega: "isso tem nome: chama-se perversão"[9]. E em seguida faz a seguinte afirmação, que é uma afirmação à qual convém atribuir sua importância — voltarei a este ponto, porque me parece ser um ponto pouco comentado do ensino de Lacan —: "mulher santa, filho perverso"[10]. É certo que se pode relativizá-la com a ideia de que é apenas uma formulação; uma formulação que, ademais, não é uma fórmula de Lacan, já que é uma fórmula que está no linguajar francês. Pode-se inclusive dizer que ele apenas pegou uma fórmula da linguagem corrente. Cumpre dizer que Lacan não pega as fórmulas ao acaso. Em geral, isso é válido para todas as fórmulas que ele extrai do uso corrente da língua, e também é válido para essa ocasião, já que a extrai na medida em que para ele tem um valor, sobretudo levando em conta o contexto teórico da sua elaboração. Qual é o contexto teórico? Trata-se, para Lacan, de evidenciar a necessidade de referir-se à sua invenção, o objeto *a*, e tentar prestar contas das consequências para a prática da psicanálise.

---

[9]LACAN, J. (1968-1969) *O seminário, livro 16: De um Outro ao outro*. Trad. V. Ribeiro. Rio de Janeiro: Editora Zahar, 2008, p. 23. (N. de T.)
[10]*Idem*. (N. de T.)

A PERVERSÃO GENERALIZADA E A ESTRUTURA PERVERSA |51|

A articulação de Lacan então é precisa: a produção do objeto *a* — ao qual ele vai dar um estatuto bem preciso a partir da definição de mais-de-gozar — é uma consequência da relação do sujeito com o significante; e, ao mesmo tempo, é pelo fato de que se produz o objeto *a* que a relação com os significantes vai ganhar outra consistência. Isso tem consequências na concepção da perversão. Dito de outro modo, para se referir à perversão é necessário saber qual é o uso da fantasia; mas, mais radicalmente, qual é a relação do sujeito com o gozo. É essa dupla dimensão, fantasia e objeto *a*, que constitui um eixo essencial na abordagem da perversão. Convém aqui começar a introduzir uma interpretação sobre o que se pode entender por "mulher santa".

É interessante ressaltar previamente um ponto conclusivo do ensino de Lacan em relação à perversão. Ele faz um jogo de palavras com *perversion* [perversão], colocando um hífen entre *père* [pai] e *version* — que é igual em espanhol, *versión* [versão]. Trata-se de um jogo de palavras que, na realidade, é difícil de traduzir para o espanhol porque daria *padre-versión* [pai-versão], o que distancia da ambiguidade que ele quis fazer ressoar com a expressão *père-version*, enquanto algo que faz alusão à estrutura da perversão. A proposta seria a seguinte: pode-se — e, logo, deve-se — abordar a perversão em relação à questão da perversão paterna, mas de um modo que não é uma volta ao Freud do início, que já evocamos sintetizando assim: "pai perverso, filha histérica"; trata-se, com Lacan, de outro modo de abordar a questão, porque cumpre captar o que se entende por perversão do pai em Lacan, condensada na expressão *père-version*, por ele forjada — perversão do pai e, ao mesmo tempo, versão para o pai.

A fim de antecipar o nosso desenvolvimento, aventemos que a perversão do pai implica duas dimensões: a primeira é que não se trata de buscar a normalidade do pai e nem sequer de fazer disso uma virtude — antes mesmo, a normalidade do pai, conforme Lacan, seria a de um pai que poderíamos chamar de sintomático. Para ele, um pai é possível na medida em que não é um modelo, mas sim que assume o seu sintoma. Caberia desdobrar o que se entende por assumir o seu sintoma. Trata-se de reconhecer a singularidade que lhe é própria e fazer uso dela nas posições que se adotam na vida. Assumir o seu sintoma equivale, portanto, a assumir uma posição ética na existência. O outro nível é que há uma solidariedade entre o pecado do pai, isto é, a falta do pai, e o sintoma do filho. Dito de outro modo, e paradoxalmente, a virtude do pai em Lacan é a de um pai da falta, isto é, o que constituiria o modelo do que seria um pai não é o pai virtuoso, e sim um pai sintomático, um pai que se faz responsável pelo seu sintoma e que assume, portanto, a sua falta. Isso implica uma consequência maior que é a da produção da neurose na geração seguinte. Dito de outro modo, a virtude do pai seria a de bancar o seu sintoma, ou seja, reconhecê-lo e assumi-lo. É o que abre uma possibilidade, para a geração vindoura, de fazer-se desejante.

Lacan, nesse sentido, é coerente; e isso porque ele se refere à necessidade de que existam três gerações para que se consiga produzir um desejo completo. Essa perspectiva deixa manifesta uma relação causal entre o desejo do pai e seus efeitos nas gerações seguintes. Lacan aborda de um modo contundente a relação do pai com a sua falta — que é um modo de abordar a relação deste com o seu próprio desejo — na lição conclusiva do seminário A angústia, de 3 de julho de 1963. Ali Lacan

A PERVERSÃO GENERALIZADA E A ESTRUTURA PERVERSA 53

apresenta, de um modo surpreendente, uma particularidade no que concerne à relação do pai com o desejo, quando ele formula que "o pai sabe a que *a* esse desejo se refere". E imediatamente depois dá uma definição do que seria um pai: "sujeito que foi longe o bastante na realização de seu desejo para reintegrá-lo em sua causa, seja ela qual for; para reintegrá-lo no que há de irredutível na função do *a*"[11]. Portanto, não se trata apenas do fato de que o pai possui um desejo, mas sim que ele sabe para onde dirigi-lo — o que difere radicalmente do desejo histérico, que espera que o Outro lhe revele o objeto. Ademais, o pai não só sabe sobre o seu desejo, como também faz o necessário para realizá-lo de modo tal que o objeto funcione para ele como causa de desejo.

À pergunta usual que os seres humanos se fazem sobre o que se pode calcular em termos de transmissão de uma geração a outra, seria possível responder que não se pode antecipar, mas o melhor que um pai pode transmitir é a partir do seu sintoma. Isso não quer dizer que transmita o seu sintoma. Mas sim que, se ele é um pai sintomático — no sentido de bancar o seu sintoma —, deixa uma possibilidade ao sujeito de captar inconscientemente o desejo do pai e, assim, inscrever-se na ordem geracional.

Deduz-se ainda, com a expressão de Lacan do "dizer dos pais", a seguinte perspectiva. O dizer não é o que os pais dizem, e sim o que não dizem, mas que constitui a substância do conjunto dos ditos dos pais. O "dizer dos pais" é a essência do que se transmite, é uma transmissão de inconsciente a inconsciente.

---

[11]LACAN, J. (1962-1963) *O seminário, livro 10: A angústia*. Trad. V. Ribeiro. Rio de Janeiro: Editora Zahar, 2005, p. 365-366.

Recapitulemos: a *père-version*, com hífen — isto é, a perversão do pai —, é uma versão para o pai que implica, do lado do filho, a necessidade de recorrer à invenção de um sintoma. É o que está na origem da fabricação do sintoma inconsciente. Não é o sujeito que inventa um sintoma, é um sintoma que se inventa como compensação ao que foi a falta do pai. Assim se entende por que Lacan falou do sintoma de um modo generalizado para todo sujeito. Trata-se, com efeito, do sintoma como necessário à estrutura. O que se designa assim — antecipo uma questão que desdobrarei adiante — é o lugar essencial do sintoma no enodamento do nó borromeano, que é o modo como Lacan formalizou o momento final do seu ensino. Cabe indicar que é a partir do seu desenvolvimento sobre o nó borromeano que ele retoma a perversão, já que também o define a partir da perspectiva da *père-version*, isto é, como a versão em direção ao pai.

É importante grifar a questão do seguinte modo: a versão em direção ao pai seria a solução neurótica. Retomo aqui a per-versão para indicar que é em oposição a este desenvolvimento que se pode situar a perversão, como a estrutura segundo a qual a solução neurótica está bloqueada. É patente na clínica da perversão como certos sujeitos podem fazer alusão explícita ao fato de que a rota que vai em direção ao pai foi obstruída, está sem acesso. É assim que se pode entender a fórmula "mulher santa, filho perverso". Ela corresponde a um espelho invertido; ao avesso, portanto, da versão ao pai — ou *père-version*. Lacan não diz "filha perversa" entre parênteses, e essa é uma constante a incluir em sua concepção sobre a perversão feminina. Isto é, que vai no sentido da exclusão, por parte dele, da perversão feminina. Deixo de lado a questão da homossexualidade femi-nina, à qual retornarei.

A PERVERSÃO GENERALIZADA E A ESTRUTURA PERVERSA |55|

Então, o que seria uma mulher santa? Creio haver uma série de indicações em Lacan que convergem com essa ideia e, portanto, que justificam o seu uso a partir da perspectiva analítica. A mulher santa é aquela que não se orienta de um modo segundo o qual o portador do falo é o homem. Essa é uma das definições que eu daria para justificar minha proposição, vou referi-la a um desenvolvimento feito por Lacan num dos textos dos *Escritos* dedicado à psicose, que é *De uma questão preliminar a todo tratamento possível da psicose*, essencial para o estudo não apenas da psicose, mas também da perversão. Existe no referido texto um desenvolvimento segundo o qual há uma distinção das estruturas clínicas em função da raiz da identificação e como esta opera em cada uma das estruturas. Lacan começa assim: "Todo o problema das perversões...". Quando ele começa uma frase assim, é preciso ficar de olhos bem abertos...

> Todo o problema das perversões consiste em conceber como a criança, em sua relação com a mãe, relação esta constituída na análise, não por sua dependência vital, mas pela dependência de seu amor, isto é, pelo desejo de seu desejo, identifica-se com o objeto imaginário desse desejo, na medida em que a mãe, ela mesma, o simboliza no falo.[12]

Há aí, nesse preciso momento do seu ensino, uma condensação da concepção lacaniana sobre as estruturas clínicas, bem como a distinção que ele faz quanto à especificidade da perversão. A referência abre uma série de considerações.

---

[12]LACAN, J. (1958) De uma questão preliminar a todo tratamento possível da psicose In: LACAN, J. (1966) *Escritos*. Trad. V. Ribeiro. Rio de Janeiro: Editora Zahar, 1998, p. 561; trad. modificada.

Primeiro ponto: refere-se à questão da dependência do amor à mãe, a partir da qual o desejo do sujeito está articulado ao desejo da mãe. A primeira pergunta que surge para um leitor um pouco advertido quanto ao ensino de Lacan é: qual a especificidade da perversão? Isso porque, caso se siga a concepção geral dada por Lacan, a dependência ao amor da mãe — que faz com que o desejo do sujeito esteja ligado ao desejo da mãe — concerne, de um modo geral, à estruturação do desejo no ser humano. Se esse é o caso geral da estrutura do desejo, por que Lacan se refere ali em termos de "Todo o problema das perversões"? Lacan dá uma explicação logo depois — como se soubesse qual pergunta fariam — indicando que, na perversão, o sujeito se identifica ao objeto imaginário desse desejo, enquanto que a mãe, ela mesma, o simboliza no falo. O que convém reter disso é que a questão aqui é por que Lacan utiliza a expressão "a mãe, ela mesma". Por que ele introduz "ela mesma"? Aqui a questão do "ela mesma" é o ponto crucial. Essa observação é importante na medida em que ele retorna a esse ponto no mesmo texto, quando se refere à equação "menina igual a falo". Dito de outro modo, quando estabelece essa equação, o que ele afirma é que uma mulher é o mais propício a encarnar o falo, a suscitá-lo em relação ao outro. A menina, no sentido da mulher, encarna em seu corpo o que é suscetível a suscitar o desejo do Outro, seja ele homem ou mulher. Então, ser o falo equivale a presentificar no imaginário aquilo que, ao outro, falta.

Ou seja, Lacan retoma teoricamente aquilo que ele constata no nível do imaginário, a saber: que existe uma tendência humana a atribuir o falo à mulher. Porém, quando Lacan propõe — seguindo uma proposição de Fenichel — "menina igual a falo", ele agrega a seguinte proposição: "o desejo da criança

A PERVERSÃO GENERALIZADA E A ESTRUTURA PERVERSA | 57 |

acha por onde se identificar com a falta-a-ser da mãe, à qual, é claro, ela mesma foi apresentada pela lei simbólica onde essa falta se constituiu"[13]. E então acrescenta que, no caso de a identificação ao desejo da mãe ser abalada, isso é suscetível a desencadear a psicose.

Dito de outro modo, existem — seguindo essa concepção — três casos de identificação bem diferentes e que concernem à neurose, à perversão e à psicose. Do lado da psicose, trata-se de uma identificação à mãe, mas que não está conectada à dimensão fálica. Trata-se de uma identificação limitada ao registro imaginário; é por isso que, quando se abala essa identificação, criam-se as condições de produção de um desencadeamento psicótico. É a tese de Lacan nesse texto em relação a Schreber, paradigma da identificação na paranoia. A tese de Lacan, extraída de Freud sem que esse a promova explicitamente, é a de que Schreber se esteou na existência em função de uma identificação com a mãe. A prova que melhor demonstra essa concepção é o fato de que a psicose de Schreber se desencadeia na forma de uma passagem ao ato na qual ele tenta se refugiar no apartamento da mãe para poder se suicidar. É uma das razões que levam Lacan a frisar a regressão tópica ao estágio do espelho no desencadeamento psicótico. Quando a identificação com o Outro materno falha, não resta ao sujeito outro recurso além de uma regressão para onde a relação com o semelhante adota uma forma mortífera.

Do outro lado estão a perversão e a neurose; digamos, do outro lado da fronteira. E esta é uma perspectiva clássica em Freud, também: colocar neurose e perversão de um lado e

---

[13]*Ibid.*, p. 572; trad. modificada.

psicose, do outro. O ponto comum entre perversão e neurose é que a identificação se conecta à dimensão fálica. O que é comum em Lacan com a concepção freudiana é que a psicose está aquém da castração. Ou seja: o sujeito não está tomado pela experiência da castração; não há, portanto, atravessamento do Édipo. A identificação com a mãe, nesse caso, deixa ao sujeito a possibilidade de uma única solução: o recurso a essa forma de identificação — já que ele não conta com o da mediação fálica. E a neurose e a perversão estão do outro lado da fronteira, no sentido em que ambas supõem a marca da castração. Cabe aqui fazer uma distinção entre a rota bloqueada em relação ao pai na perversão e na psicose, já que existe uma diferença fundamental. É toda a distância que existe entre a *Verleugnung* (a renegação, própria à perversão) e a *Verwerfung* (a forclusão, própria à psicose).

Trata-se, na perversão, de uma rota inacessível, mas que não exclui o acesso ao significante fálico. Nesse sentido pode-se afirmar que existe nessa estrutura clínica a marca da castração. Na psicose, pelo contrário, não só a rota está bloqueada, como também o significante fálico está excluído. Mas atenção, pois isso não implica — como às vezes se dá a entender — que na psicose não há desejo. O que permite sair da concepção binária, segundo a qual o desejo existe na neurose e a falta de desejo é o próprio da psicose, é renovar, sem se apartar dos enunciados de Lacan, a concepção do desejo. Isso é evidenciado pelo fato clínico que permite constatar um desejo na psicose, o que implica que nem todo desejo depende do acesso ao significante fálico.

Existem, com efeito, desejos ligados ao Eu. Freud foi explícito sobre isso ao demonstrar que a essência da paranoia é a megalomania. Para sustentar a megalomania, às vezes, é preciso um desejo incomensurável; e, concomitantemente, a megalomania

A PERVERSÃO GENERALIZADA E A ESTRUTURA PERVERSA | 59 |

é um propulsor que sustenta o desejo. Trata-se, na realidade, de um desejo cujo único propulsor é alimentar o narcisismo. Nada permite, portanto, excluir o desejo na paranoia. O essencial é saber, em relação às estruturas clínicas, de que desejo se trata e qual é o propulsor. Um desejo que se sustenta na falta-a-ser e um desejo que se sustenta no narcisismo não são a mesma coisa.

Ora, o que se deduz — e é preciso na citação anterior — é que há uma linha de fronteira também entre a perversão e a neurose. Isto é, o que caracteriza a neurose é a falta-a-ser do lado da mãe. No meu entender, é a isso que Lacan se refere quando — se seguimos a última citação — ele evoca, em relação ao desejo, a identificação à falta-a-ser da mãe, à qual "ela mesma foi apresentada". O que é central na neurose, portanto, é que a falta-a-ser, para a mãe, vem do Outro. Para dizer de outro modo, é o Outro quem introduz a castração que constitui a falta-a-ser da mãe. De fato situa-se aqui uma questão decisiva que distingue Freud de Lacan. Em Freud, o pai fixa um limite para o gozo infantil. Em Lacan, o pai negativa o gozo do filho, mas de um modo indireto, já que ele o faz através da negativação do gozo materno.

Isso implica que a falta-a-ser do lado da mãe é a consequência da marca infantil ligada à castração, mas que, além do mais, reatualiza-se com o limite imposto pelo pai. O gozo materno tem, portanto, dois limites. O primeiro, que vem do Outro, é o limite que determina a falta-a-ser como efeito da experiência edípica na menina, futura mulher. O segundo vem do parceiro sexual com o qual a mãe assume o seu desejo. Tornar-se desejante em relação ao parceiro sexual constitui, em si, um limite para o gozo que uma mulher extrai enquanto mãe.

Do lado da perversão, trata-se não do fato de que haja ausência da relação com o falo, e sim justamente do fato de que, na perversão, é a mãe, "ela mesma" — e aqui voltamos à citação de Lacan em relação à perversão, na qual ele se refere ao "ela mesma o simboliza" — que introduz a dialética fálica, ou seja, que a questão fundamental na leitura desse ponto é a questão do "ela mesma". No caso da perversão, "ela mesma o simboliza" quer dizer que ela não foi apresentada pelo Outro. Para dizer de outro modo, na neurose, a falta-a-ser do lado da mãe — "à qual ela foi apresentada", como diz Lacan — indica justamente que há uma castração, do lado materno, que vem do Outro. Na perversão, a mãe oculta a castração de modo a localizar o falo noutro lugar, mas num lugar decidido, podemos dizer, por "ela mesma". Isso não faz da mãe do perverso uma mulher psicótica. O que caracteriza a mãe do perverso é a existência da primeira condição — de limite para o gozo —, mas a ausência da segunda. A primeira, como evoquei, é a marca da castração, ela está presente. A segunda depende do ser desejante do parceiro sexual; essa dimensão, como se pode constatar clinicamente, está ausente na mãe do futuro perverso.

Seguindo esse desenvolvimento, a linha de fronteira entre neurose e perversão passa pela falta-a-ser na mãe. Ela é específica da neurose e relativa ao fato de que, quando a menina foi confrontada à castração, a consequência é que ela fez de um homem o portador do falo. É essa dimensão que está ausente na perversão. Ou seja: deduz-se em Lacan que, ainda que a mãe, na perversão, tenha passado pela experiência da castração, essa não deixa como resultado uma falta-a-ser. Falta a falta na mãe do perverso. "Falta a falta" é uma fórmula de Lacan para se referir à angústia. A falta é condição de desejo, segundo Lacan. A angústia é, portanto, um afeto que diz que ali onde se deveria passar pela experiência da falta, esta não se manifesta. No caso da mãe do perverso, a fórmula "falta a falta" comporta uma especificidade, a saber: que a ausência de falta não comporta, como correlato, a angústia. Dito de outro modo, isso se verifica no caso em que o sujeito não padece da dimensão de uma falta; pelo contrário, trata-se de uma mãe que vive como completa. É o que permite abordar, do meu ponto de vista, a definição de "mulher santa" que se articula de um modo coerente com o que foi evocado anteriormente. Notemos que nem a expressão popular, nem Lacan formularam o que se trata de uma mãe santa. Trata-se de "uma mulher santa". O que é "uma mulher santa"? "A mulher santa" seria aquela que fez de seu filho, ou filha, o falo que a completa como mulher; e isso de tal modo que ela é capaz de fazer com que o desejo por um homem seja algo do qual ela pode se excluir. Dito de outra forma, trata-se de um modo específico de saber fazer com a castração feminina. Esta não encontra sua satisfação com o parceiro sexual, nem tampouco se trata de uma forclusão da castração; antes mesmo, ela encontra a sua sutura no filho.

Nesse caso, não é somente o filho como o que dá sentido à vida, é o filho como complemento de gozo. Digamos, então, que se tornar uma mulher santa não é o sinal da psicose. A mulher santa é aquela que, nos termos de Freud, viu, sabe que está castrada, mas sabe que a criança é o que pode completar a sua falta. Cabe distinguir "a mulher santa" da referência de Lacan ao fetichismo feminino. Lacan estabeleceu uma dimensão segundo a qual um filho pode ter a função de fetiche para uma mãe. Trata-se de uma questão que se apresenta frequentemente na clínica e que suscita fenômenos de tipo transitório como a perda de desejo sexual. Na realidade, nesse caso — e de um modo temporário —, o filho encarna a função de saturar o desejo, mas ao cabo de um tempo o falo se desloca e ressurge a pergunta pelo desejo para além do filho. O filho como fetiche é apenas uma solução transitória à falta de falo na mulher.

Retomemos o tema da santidade e a sua conexão com a perversão, já que nesta estrutura o estatuto da santidade não é transitório. Isso exclui da perversão os acessos de crença religiosa, que podem existir nas diferentes estruturas clínicas e são sempre pontuais — caso se deixe de lado os delírios místicos, que são, em sua grande maioria, relativos à psicose. Explorando o tema da santidade em Lacan, chama a atenção que ele se sirva dessa referência em relação ao caso Hans. É assim que ele se pergunta: não será Hans um perverso? É um modo dialético para dizer que não. E, inclusive, Lacan aborda a razão de "por que o pequeno Hans não é perverso". E nos damos conta de que a resposta para a sua própria pergunta é muito interessante, já que é formulada 15 anos antes de ele ter formulado a "mulher santa" em relação à perversão. Lacan sustenta que se o pequeno Hans tivesse tido uma mãe católica, devota — mas no sentido de estar absorvida unicamente pela religião —, isso seguramente teria resultado em Hans uma relação com a santidade.

Dito de outro modo, se o pequeno Hans constituiu um sintoma fóbico com um suporte de base neurótica, é porque sua mãe presentificou para ele a falta. A falta-a-ser da mãe do neurótico se confirma no caso Hans, e é o que se opõe à mãe que completa o seu gozo com o filho na perversão.

A ideia de Lacan é a de que uma mãe católica, devota — o contrário, então, da mãe do pequeno Hans —, é aquela que renuncia a todo gozo. Ou seja, de que a mãe devota é uma aproximação daquilo que Lacan evoca ulteriormente na forma de uma mãe que se caracteriza pela "abnegação de gozo", o que

A PERVERSÃO GENERALIZADA E A ESTRUTURA PERVERSA 63

remete a uma mulher que se extrai de todo e qualquer gozo. A ideia central é a de que uma mãe que está numa posição de renúncia total em relação ao gozo não permite ao filho uma abertura em relação ao desejo. É a tese que se deduz em Lacan e que permite estabelecer um laço lógico entre a posição da mãe no discurso que induz um sujeito fóbico, por um lado, e a posição da mãe no discurso que induz um sujeito perverso, por outro. Retomarei mais adiante esse ponto, que merece um nível de desenvolvimento suplementar; isso porque, postulado assim, pode deixar a ideia de uma causalidade direta nas estruturas clínicas — quando a clínica, na realidade, demonstra que há outros níveis de complexidade que entram em cômputo. Ao mesmo tempo cumpre não reter demasiadamente rápido que a questão decisiva quanto à fobia ou à perversão depende do discurso da mãe. Como demostraremos adiante, o que está em jogo, essencialmente, é a relação da mãe com o gozo.

Voltando à questão da ausência da falta em relação ao desejo, do lado da mãe, não se trata de ela se propor em posição de exceção — o que é o caso da mulher paranoica —; a questão é saber em que casos uma mãe abre a possibilidade para que o filho possa se orientar em relação ao desejo por outra mulher. Essa é uma questão que é clássica em Freud e que Lacan manteve até o final; até inclusive o seminário *Mais, ainda*, quando diz que um homem acessa uma mulher unicamente com a condição de que a mulher seja — e Lacan diz com palavras latinas — *quoad matrem*, o que quer dizer que aquela que permite, em primeiro lugar, a um homem a abertura em relação ao desejo de uma mulher é a mãe.

É na medida em que existiu um gozo da criança com a mãe e, ao mesmo tempo, uma separação em relação ao Outro materno, que o homem inicia a busca do objeto feminino. Então, por exemplo, em que a mãe do pequeno Hans não foi uma mulher santa? Há indícios de um apagamento do desejo sexual entre os pais de Hans; aliás, é uma questão biográfica, pois é sabido que eles acabam se separando. Mas há, além disso, indícios segundo os quais não havia um desejo sexual, pelo menos do lado da mãe, em relação ao pai de Hans. É uma questão clínica importante que atravessa as análises, às vezes até explicitamente: a indagação aponta para saber qual é o desejo que animou cada um dos componentes do casal parental em relação ao outro. Existe ou não esse desejo? Existe de um modo assimétrico, isto é, em um e não no outro? Essas são perguntas que aparecem em toda análise.

No caso da mãe de Hans, a relação com o desejo se deduz de uma série de detalhes que o filho percebe e que chegam a ser, inclusive, explícitos no discurso dessa criança de cinco anos. O que aparece em primeiro plano é o caso de uma mãe que tem uma tendência a se mostrar, num sentido erótico, na relação com o filho. Ela exibe o gozo diante dele, isto é: leva-o para o banheiro quando vai tomar banho; em alguns momentos, mostra-se seminua na frente dele. Mas o que é fundamental é que se trata de uma exibição que está completamente conectada com a lei. Isto é, a mãe de Hans mostra a sua nudez, mas, ao mesmo tempo, recobre-a de modo a denotar para o filho: "talvez isso te interesse, mas não é para você". É uma mulher que faz com o filho aquilo que Freud descobriu e publicou em seu texto de 1908 *As fantasias histéricas e sua relação com a bissexualidade*[14], no qual explana a respeito do sintoma histérico em sua relação

---

[14]FREUD, S. (1908) As fantasias histéricas e sua relação com a bissexualidade. *In*: FREUD, S. *Obras completas*, vol. 8: O delírio e os sonhos na *Gradiva*, Análise da fobia de um garoto de cinco anos. Trad. P. C. de Souza. São Paulo: Companhia das Letras, 2015, p. 339-349.

com a fantasia, já que o sintoma — que consiste em descobrir com uma mão uma parte do corpo para mostrar a nudez, ao mesmo tempo em que a outra mão tenta recobrir essa mesma parte do corpo exposta — é a consequência de uma fantasia que determina a posição de desejo do sujeito.

Trata-se, entre essa mãe e seu filho, de um jogo de esconde--esconde, jogo que é fundamental em sua função de véu que faz existir um objeto proibido para além do que se esconde. Isso chega ao seu ponto culminante numa cena na qual, na frente do pequeno Hans, no momento em que ele tem uma ereção, a mãe lhe diz: "mas o que é isso?", e Hans fica perplexo numa dimensão de surpresa e enigma, efeito de ficar embasbacado com a pergunta: "como assim?, não era isso o que te interessava?" Deduz-se, então, que a posição da mãe se sustenta na lei. Então a mãe lhe diz: "Não". Mas não é um "não" explícito. É um não seguro, mas que ao mesmo tempo conserva uma ambiguidade. O que o seu dizer está mostrando é da ordem de um "tem algo aí que me interessa, mas está noutro lugar e não é você quem pode me proporcionar".

A relação do pequeno Hans com a mãe evidencia-se no interesse particular que ele tem pelas cenas nas quais a mãe coloca e tira as calcinhas num exibicionismo que inclui a dimensão de um ocultamento. Ela mostra e, ao mesmo tempo, oculta. Entre Hans e sua mãe, o jogo que a mãe instala é o de propiciar a essa criança o ir ver o que se esconde atrás do véu. Isso encontra sua tradução, como contrapartida, nas cenas de asco de Hans pela mãe, o que é um prenúncio da neurose. Para Hans — seguindo a sua fantasia, captada em seus enunciados —, os excrementos, que são um deslocamento da calcinha, assim como ela, podem cair, o que suscita angústia e demonstra que a fantasia funciona como véu. A queda do excremento constitui o risco da perda da proteção que a fantasia assegura, e o desnudamento de um real. Portanto, isso se traduz em afeto de angústia.

A conexão entre o excremento e a roupa íntima da mãe quem faz é o próprio Hans; isso quando, numa formulação ao pai, ele compara os excrementos escuros às calcinhas pretas da mãe.

É o que permite entender por que Lacan sustentou que, para Hans, a mulher é o verdadeiro fetiche. Nessa asserção estão presentes duas dimensões que permitem distinguir a fobia da perversão. A primeira concerne à sedução da mãe, na qual ela, exibindo seu corpo, introduz um erotismo que faz do corpo da mulher um corpo fetiche; cumpre notar que sua mãe, ao mesmo tempo em que exibe, perante a reação de excitação sexual de Hans, responde: "você é um porco". A posição histérica da mãe de Hans expõe aquilo que constitui a raiz da causa neurótica em Hans. É também a raiz do desejo masculino.

É frequente, com efeito, no caso do homem, constituir um feti-che que faça mediação em relação à falta da mulher. É, portanto, o caso geral na neurose; o fetiche, véu entre o sujeito e seu par-ceiro, completa a falta da mulher. É essa perspectiva que Lacan generaliza no caso do homem, quando aventa a ideia de uma afinidade com um amor fetichista. Essa concepção culmina com a afirmação categórica do texto *Televisão*, em que afirma: "Quando o homem quer A mulher, ele só a alcança ao encalhar no campo da perversão"[15]. Isso remete, em primeiro lugar, ao fato de que — segundo a experiência dos encontros entre os sexos, o que é confirmado pela experiência da análise —, um homem encontra

---

[15]LACAN, J. (1974) Televisão. *In*: LACAN, J. *Outros escritos*. Trad. V. Ribeiro. Rio de Janeiro: Editora Zahar, 2003, p. 535.

A PERVERSÃO GENERALIZADA E A ESTRUTURA PERVERSA | 67 |

uma mulher, nunca A mulher, a qual seria a mulher absoluta; em segundo, à afirmação de Lacan que supõe que a possibilidade de encontrar A mulher ocorreria unicamente na perversão. Dito de outro modo, o que constitui a especificidade perversa é a fabricação da mulher que não existe. Voltarei a esse ponto.

No caso do pequeno Hans está ausente a dimensão que permitiria afirmar um fetichismo puro, já que não existe a cristalização em torno de um objeto que possa funcionar como mediação para acessar uma mulher — o que é a regra comum a todo fetiche. O que existe em Hans é uma interrogação em relação à falta da mulher. Isso é patente já no diálogo entre Hans e seu pai, quando, em relação à mãe, ele formula: "estava nua, de camisola", o que suscita a pergunta lógica do pai: "nua ou de camisola?". A resposta de Hans é: "ela estava de camisola, mas a camisola era tão curta que eu podia ver o faz-pipi"[16]. Isso constitui, para Lacan, a estrutura de borda do fetiche. Contudo, Lacan não afirma que Hans fora fetichista. Por quê? Uma única cena lhe é suficiente para aventar a outra afirmação segundo a qual, para Hans, é a mulher que é o verdadeiro fetiche. É a cena que Hans pede que seja transmitida a Freud, e que consiste no fato de que, quando viu a calcinha de sua mãe, cuspiu, caiu e fechou os olhos. Segundo Lacan, essa reação é consequência de uma escolha já feita, segundo a qual Hans nunca será fetichista.

Isso se explica a partir da segunda dimensão evidenciada pela conclusão do caso. Para o futuro, imaginariamente, Hans deseja ter filhos; é assim que se identifica com a mãe, com o

---

[16]FREUD, S. (1909) Análise da fobia de um garoto de cinco anos. *In*: FREUD, S. *Obras completas*, vol. 8: O delírio e os sonhos na *Gradiva*, Análise da fobia de um garoto de cinco anos. Trad. P. C. de Souza. São Paulo: Companhia das Letras, 2015, p. 154-155. (N. de T.)

falo materno. Como ela, ele também terá filhos. Nessa direção se situa o seu desejo pela mulher. A parceira feminina constitui uma continuação imaginária da sua fantasia. O falo, no caso dele, permanece num nível imaginário.

Se Lacan distingue fobia e perversão, também distingue fenômenos transitórios de perversão e estrutura perversa. Os fenômenos transitórios concernem essencialmente aos casos de *acting-out* perverso, que consistem na mostração, no imaginário, daquilo que não se integrou completamente no nível simbólico. Quanto ao que constitui a essência da distinção entre a fobia e a perversão, trata-se do seguinte: na fobia, o significante fóbico supre a falta no Outro; na perversão é o objeto quem restitui o gozo ao Outro. O perverso tapa o furo que se pode perfilar no Outro. A distinção, portanto, depende do modo de fazer frente à falta no Outro. O sujeito fóbico necessita do apoio de um significante que não é qualquer, já que o propulsor da fobia é um significante que se destaca da cadeia significante do sujeito para adotar uma densidade especial e ser suporte de uma função bem precisa, a de evitar o encontro com a falta. O que difere, na perversão, é que o sujeito se sustenta num objeto.

Mas, essencialmente, o eixo que Lacan privilegia — contrariamente à Escola Inglesa, que explica a perversão a partir do pré-Édipo —, é a posição da criança em relação à mãe; àquilo que, nela, funciona como *Penisneid*[17].

É por isso que a primeira aproximação de Lacan com a perversão se dá a partir da modalidade de identificação da criança com a mãe. Esse é o ponto-pivô, a ponto de Lacan formular que, sem a referência ao desejo da mãe, "não há outro meio

---

[17]Do alemão, "inveja do pênis". (N. de T.)

A PERVERSÃO GENERALIZADA E A ESTRUTURA PERVERSA

de abordar o problema das perversões". Dito de outro modo, a perversão é examinada em relação à percepção da falta na mãe e em relação ao falo.

É em conjunção com esse desenvolvimento que Lacan aborda a perversão a partir da perspectiva da relação com a metonímia, no sentido em que há uma lembrança encobridora, um ponto no qual o deslocamento se fixou — o momento no qual a história se deteve. À detenção na progressão da história do sujeito Freud também fez referência a partir da lógica perceptiva da castração: o sujeito não pôde ir além desta percepção: A percepção deteve a história num instante que fixa os acontecimentos de uma vez por todas. Lacan frisa a relação da criança com a falta da mãe, ou seja, a relação da criança com o falo. Se o desejo da mãe é, em essência, insatisfeito, em seu filho isso pode tomar a forma, no caso da fobia, da fantasia de uma mãe devoradora. O que Lacan formula, em seus primórdios, como a relação com a satisfação--insatisfação do lado da mãe constitui, assim, a premissa daquilo que ele vai introduzir mais tarde em termos de gozo.

Portanto, a continuidade da elaboração de Freud a Lacan percebe-se no esquema, fixado por Freud, da posição perversa a partir do fetichismo — o que Lacan mantém durante um tempo, ao afirmar que o fetichismo é a perversão das perversões. Ao mesmo tempo, conservando ainda a diretriz do fetichismo, Lacan aborda a perversão a partir da perspectiva de um saber; ao mesmo tempo um saber sobre o Outro e um saber sobre o gozo do Outro. Ambas as dimensões coincidem neste ponto: o que o perverso sabe é o que constitui a falta do Outro.

Ainda que Lacan — como demostramos a partir da afini-dade entre o fetichismo e o desejo masculino — sustente que as estruturas do desejo e da perversão diferem uma da outra, ele não aventa essa diferença em termos de oposição; o que lhe interessa é frisar aquilo que chama de "a mais radical das posições perversas em relação ao desejo", isto é, o masoquismo. Isso constitui, de um lado, uma premissa para situar o que ele aventa no seminário *A angústia*; e, ao mesmo tempo, começa a evidenciar um deslocamento: o centro da perversão já não será ocupado pelo fetichismo, e sim pelo masoquismo. E é a partir desse momento que ele aventa a ideia de um gozo masoquista caracterizado pela experiência que consiste em gozar do fato de que o próprio destino é decidido pelo Outro. Dito de outro modo, trata-se aqui de uma fantasia — "foi o outro quem quis" — em sua conjunção com a modalidade de gozo que a fantasia determina.

Daí se deduz um impasse crucial para o sujeito perverso: a relação com o desejo. Nesse sentido pode-se sustentar que enquanto o neurótico não sabe sobre o seu gozo, mas pode sair da indeterminação de seu desejo, o perverso — que sabe sobre o gozo — necessita compensar os seus impasses perante a falta de desejo. Na perversão o desejo do Outro é o que está mais escondido, de mais difícil acesso.

Cabe dizer que, de um modo estrutural — ou seja, para todo sujeito —, a relação com o desejo nunca está desconectada do gozo. À pergunta "qual é o desejo do sujeito?" pode-se responder que o sujeito, o que ele deseja é gozar. É claro que isso adquire formas diversas, complexas, às vezes tortuosas e até mesmo paradoxais. Se levado ao extremo, pode assumir a forma de um desejar, mas subtraindo-se de todo gozo — o que não evacua ao gozo, já que, nesse caso, trata-se do gozo da privação. Longe de opor desejo e gozo, então, o que está em jogo é como eles se enodam em cada caso.

A PERVERSÃO GENERALIZADA E A ESTRUTURA PERVERSA

Considerando o caso da mulher-mãe — já que não é necessário ser mãe para ser mulher —, vamos dizer que a mulher que é mãe, e não santa, é aquela que coloca o filho no lugar do falo; mas não um falo que satura completamente o seu desejo, já que ela continua desejando-o para além do filho. Em contrapartida, a "mulher santa" é aquela que, como no exemplo que me parece paradigmático — o da mãe de Gide —, dedica-se completamente a fazer desaparecer todo e qualquer traço ligado a um desejo possível fora do filho, e o único que admite é a dimensão do amor. Nesse caso, a essência da relação com o filho é o amor. Aqui não se trata de um enodamento entre o desejo e o gozo, mas sim de um enodamento entre o amor e o gozo. O único gozo nessa mulher é o amor simétrico com seu filho. Se tudo tem de se limitar a uma relação de amor entre a mãe e o filho, isso se traduz numa consequência imediata: aquilo a que a mãe se dedica é a apagar todo sinal de gozo e de desejo, e não apenas na relação com o filho; aquilo de que se trata é da renúncia absoluta a toda e qualquer forma de gozo e de desejo.

Se retomamos então a questão do falo, sua relação com a perversão e a distinção com a neurose, podemos afirmar que a mãe na neurose sinaliza ao filho que o falo está noutro lugar; que não é ele quem satura o desejo dela e não é ele quem pode oferecer aquilo que vai completá-la. No caso da perversão, trata-se de uma mãe que coloca o filho no lugar de oferecer aquilo que, para ela, pode ser o que lhe falta como satisfação; é ele quem tem de proporcioná-lo a ela. Então, isso confirma a tese do seminário antes evocado, *De um outro ao Outro*, no qual ele assevera que "o perverso em posição de servo do Outro" constitui para si, então, um par. Assim como existe o par da histérica com o mestre, pode-se construir outro par, o do perverso com o

Outro, que poderia ser exemplificado com a posição do súdito da rainha. É suficiente que a rainha chame para que o seu súdito a brinde, numa bandeja, com o objeto que pode satisfazê-la.

Por outro lado, a "mulher santa" não deve ser confundida com a "mulher fálica" da qual Lacan deu as coordenadas no seminá-rio *A angústia*. Sua indicação não corresponde ao que habitual-mente se designa como "mulher fálica". Em geral, a expressão designa uma mulher de poder, que sabe tomar as rédeas. Lacan define a "mulher fálica" de um modo muito preciso, em termos muito particulares, já que concerne ao ser mãe. Isto é, a "mulher fálica" é "aquela mãe que deixa cair seu mais precioso filho". Quer dizer que Lacan encontra nesse tipo de mãe o que melhor exemplifica a "mulher fálica". Isso remete a uma mãe capaz de fazer com que esse filho ou filha — que foram, durante um tempo, o mais valioso para ela — caiam repentinamente desse lugar e possam ser substituídos. Antes de um momento crucial, o filho estava para ela no lugar do falo. Mas não é isso que faz de uma mãe uma "mulher fálica". A condição é a de poder deixar cair esse filho desse lugar. O que quer dizer que a criança que saturava o desejo dela não está mais em posição fálica, não é mais o seu objeto precioso: o falo está noutro lugar. Há exem-plos na clínica que demonstram isso: mulheres que são mães de um filho, que durante anos dizem que ele é o que há de mais importante para ela, e para as quais, da noite pro dia, acabou — passam para outra coisa como se isso que era o mais precioso na vida já não contasse mais. O falo, nesse caso, desvanece para ressurgir noutro lugar.

Não se trata, então, no deixar cair, de um abandono por falta de amor. Pelo contrário, o objeto era apreciado e subitamente deixa de ser. Isso nos dá a ideia de que a "mulher fálica" tem

A PERVERSÃO GENERALIZADA E A ESTRUTURA PERVERSA

uma relação com a castração, visto que se orienta com a bússola do falo — falo com o qual pode completar a castração. Ela deixa cair a criança-falo, mas isso porque encontrou o falo noutro lugar; enquanto que "a mulher santa" é aquela que não concebe o falo noutro que não a criança, isto é, não é capaz de colocá-lo noutro lugar. Ela procedeu a um preenchimento da sua falta de um modo tal que não apenas conseguiu suturar a falta, mas também coloca o filho numa posição muito especial no que se refere ao gozo. "A mulher santa" é aquela que aparentemente não tem nenhum gozo, mas que espera como contrapartida que seu filho lhe confira o único gozo válido na existência.

É o que tentarei demonstrar adiante com o caso Gide, que constitui uma referência explícita de Lacan em relação à perversão. Tratar-se-á de pôr à prova a proposição de Lacan em relação à "mulher santa", particularmente no que se refere à relação de Gide com a mãe.

Pois bem, conviria introduzir aqui uma distinção com o fetichismo feminino, já que Lacan evoca um fetichismo do lado da mulher — e o evoca especificamente em relação à criança. Que uma criança seja localizada no lugar de fetiche por parte de uma mulher traduz-se neste fato clínico frequente que é, no caso de uma mulher que se torna mãe, o momento a partir do qual ela pode observar uma perda de desejo sexual em relação ao homem. A interpretação frequente por parte da medicina é a da mudança hormonal. Notemos que não é uma interpretação única na medicina. Cada vez que há uma mudança importante na vida de uma mulher, como a passagem à maternidade ou a menopausa, se há uma perda de desejo sexual — o qual, por outro lado, está longe de ser um fenômeno geral —, a interpretação é a de que se trata de uma consequência da modificação hormonal. Na realidade, o que se evidencia, sobretudo com a maternidade, é que o desejo se satura noutro lugar. Contudo, o que a clínica também coloca em evidência, no caso do filho como fetiche, é que ele não satura o desejo de uma mulher; e isso porque, ao cabo de certo tempo, uma insatisfação se instala, já que a criança que está em posição de fetiche não constitui tudo para ela.

Isso quer dizer que, contrariamente ao fetichismo masculino — no qual o falo é condição de acesso à sexualidade com o parceiro —, no fetichismo feminino, no qual é o filho ou a filha que está em posição de falo, isso não constitui uma condição para ter acesso ao parceiro sexual. E, além disso, se o desejo da mulher se satura com o filho como objeto em posição de falo, trata-se de uma solução transitória, e não definitiva, como é o caso do fetichismo masculino. Portanto, a questão da falta-a-ser do lado da mãe — o seu devir e o como se satura o desejo — é essencial para abalizar a perversão. É importante considerar esse ponto-pivô no ensino de Lacan, já que constitui uma concepção diversa da concepção de Freud, pois aquilo a que Lacan dá uma nova ênfase é a uma dimensão já introduzida por Freud, que é a questão da eficácia da função paterna. Cumpre observar que Lacan introduz a questão nos seguintes termos, "todo o problema da perversão", justo quando está desenvolvendo o lugar e a importância da função paterna, ligado à questão da introdução da lei simbólica.

Em Freud, tal como evocamos, a ideia que aparece de um modo claro é a de que a lei depende da ação direta do pai sobre o filho. Isso é possível a partir da figura de um pai que proíbe, um pai que obstaculiza, que põe um limite para o gozo do filho. Essa é a ideia que Freud tem de um pai. Em Lacan, ao menos por um longo período — e sobretudo no contexto de sua obra sobre as psicoses, anteriormente citado —, a lei e o desejo são a

A PERVERSÃO GENERALIZADA E A ESTRUTURA PERVERSA

cara e a coroa de uma mesma moeda. Deseja-se porque se está em conexão com uma lei, e o fato de orientar-se por um desejo permite deduzir que o sujeito está em relação com uma lei. Ao mesmo tempo, como já aventei, a proposição de Lacan difere da de Freud pelo fato de que a eficácia da instância paterna se mede em relação à divisão que a operação paterna produz do lado da mãe. Isto é, trata-se de perceber os efeitos da operação do pai como introduzindo um limite para o gozo materno. Nota-se que a posição de Freud e a de Lacan nesse ponto não são homogêneas. Para Freud, o acesso ao desejo depende da lei exercida pelo pai; para Lacan — e é por isso que ele vai relativizar a questão da presença ou ausência do pai —, o que é fundamental é que uma operação seja produzida do lado do discurso da mãe, isto é, uma operação de castração que se produza do lado da mãe. É essa operação de castração, que introduz a falta-a-ser do lado da mãe, que Lacan vai chamar de "Outro barrado", ou também "Outro rasurado".

Na realidade, "todo o problema da perversão" — utilizando a expressão de Lacan — é o de abalizar a especificidade da perversão como uma posição do sujeito em relação a completar o Outro rasurado. Esse desenvolvimento permite entender uma perspectiva essencial na posição perversa, que se evidencia no fato de que o sujeito, aquilo a que ele dedica todos os seus esforços é a completar a falta no Outro. Dito de outro modo, o que orienta o sujeito perverso é fazer com que exista A mulher, A mulher não rasurada. Entende-se igualmente, seguindo essa concepção, a interrogação do sujeito perverso pelo gozo da mulher. Nesse contexto pode-se considerar que uma das figuras possíveis da mulher não rasurada pode ser... a "mulher santa". Pode-se afirmar que a "mulher santa" é um dos nomes d'A mulher". Isso é coerente com o que foi evocado no início do capítulo, com a definição que Lacan deu no seminário *De um outro ao outro*; definição segundo a qual é perverso aquele sujeito que se arroga a função de completar a mulher em relação à inexistência do falo.

Ora, tal como desenvolvi anteriormente, há uma mudança de perspectiva em Lacan; e isso porque, durante certo tempo, ele manteve como referência essencial, em relação à perversão, a relação do sujeito com o fetiche. Ou seja, Lacan eleva o fetichismo à categoria de paradigma da perversão — tese, por outro lado, constante em Freud. O que muda nesse segundo tempo com Lacan é que o fetichista, decerto, refugia-se em relação ao encontro sexual a partir da mediação de um objeto que vai lhe permitir evitar o encontro com a castração. Com a nova definição de Lacan — isto é, mais tardia —, aquilo de que se trata não é a relação do sujeito na sexualidade; foi por isso que insisti em dizer que a especificidade da perversão não passa por situá-la em função de um comportamento sexual. A definição de Lacan é a de considerar o perverso como sendo aquele que se dedica a completar o Outro rasurado, isto é, aquele que se dedica a fazer com que exista um Outro não castrado, um Outro que seja de exceção. O perverso dedica-se a fazer existir o "ao menos uma" que não esteja concernida pela castração, o que é um outro modo de frisar o interesse perverso pelo gozo feminino. O interesse perverso vai além da curiosidade. É tentar fazer com que exista esse gozo absoluto do lado da mulher. É essa perspectiva que se deduz na proposta de Lacan no seminário *La logique du fantasme* [A lógica da fantasia][18], em que ele sustenta

---

[18]LACAN, J. (1966-1967) *Le séminaire*, livre XIV: *La logique du fantasme* (inédito).

A PERVERSÃO GENERALIZADA E A ESTRUTURA PERVERSA

que a interrogação sobre o gozo feminino é um modo de abrir a porta para todos os atos perversos.

Deduz-se que a perversão é certeza, mas também interrogação. A pergunta não é tanto sobre a falta-a-ser, e sim sobre a falta do Outro. O sujeito não se faz sempre a pergunta, já que se oferece para completar o Outro; pode, contudo, haver falhas: é o momento que determina a emergência da angústia — encontro, então, com a falta-a-ser na perversão. É por isso que o modo como o sujeito tenta encontrar uma solução para o seu impasse é assegurando a permanência do gozo do Outro.

Pode-se afirmar que existe um Outro de exceção na perversão porque, por definição, todo sujeito está barrado; e que a essência dessa estrutura clínica é que exista uma exceção, que exista ao menos uma que não esteja barrada. Essa definição da perversão inclui a dimensão da Outra mulher, isto é, que para o perverso tem de existir ao menos uma que não seja castrada. É a base da fórmula anteriormente evocada — do texto *Televisão* —, segundo a qual o homem encontra A mulher na perversão. Cabe observar que, no referido texto, Lacan afirma que uma mulher encontra o Homem na psicose — outra prova de que não existe uma simetria entre os sexos. Para o Homem, a condição de encontro com A mulher é a perversão. Para uma mulher, a condição de encontro com o Homem é a psicose. Isso exige que se estabeleça uma fronteira na perversão que permita distinguir fenômenos similares na neurose e na psicose.

É evidente que também na psicose há uma exceção e, portanto, é necessário distinguir a função da exceção na perversão e na psicose. Na psicose, Lacan frisa-o explicitamente com a proposição "o empuxo à mulher": o empuxo a encarnar A mulher que não está rasurada. Decerto essa dimensão não está presente em todos os casos de psicose; no entanto, a clínica analítica põe em evidência formas encobertas de uma aspiração, em certos sujeitos (homens ou mulheres), a se transformarem na exceção que escapa a toda regra fálica. Nesse sentido, fazer-se uma mulher de exceção constitui uma saída ao impasse imposto pela forclusão do sexo própria à psicose.

Isso quer dizer que, se bem se pode sustentar a existência de uma forclusão generalizada — dada pelo fato da falta de inscrição inconsciente da diferença sexual —, existem variantes clínicas de resposta a essa forclusão. A resposta neurótica consiste em acreditar que a exceção pode existir. A fórmula neurótica seria: "Eu não encontrei a exceção, mas ela deve existir em algum lugar". A resposta psicótica é a de propor a si mesmo como a exceção que funda a regra. Isso é explícito na fórmula do "empuxo à mulher" que Lacan reserva à psicose. Na mesma direção, quando Lacan propõe que uma mulher encontra o Homem na psicose, isso implica que, ao encontrar um Homem com maiúscula — um que não é como os outros —, isso faz dela, da mesma maneira, uma mulher que não é como as outras. Portanto, desse modo uma mulher se torna A mulher desse homem. É o postulado da erotomania. Se o objeto da erotomania é um personagem eminente é na medida em que, "se ele me ama, eu sou a exceção". Eis, portanto, um modo de formular o empuxo à mulher. A solução perversa, em contrapartida, é a de eleger alguém que encarne a exceção. A questão é fundamental. Trata-se, portanto, de toda a distância entre acreditar na exceção (no caso da neurose), ser a exceção (no caso da psicose) e procurar alguém que a encarne (que é o caso na perversão).

O que já se pode perceber é uma distinção bem precisa: não é o mesmo dedicar-se a fazer com que A mulher exista (o que é

A PERVERSÃO GENERALIZADA E A ESTRUTURA PERVERSA 79

específico da perversão) e encarná-la (o que é o caso na psicose, em que o sujeito sofre o empuxo a ser A mulher). Na neurose também se trata de fazer com que A mulher exista. Dizer que na neurose se trata de fazer com que A mulher exista coloca em primeiro plano que a questão, na neurose, é a de uma crença. O sujeito necessita crer que há ao menos Uma que escapa à castração; mas ele sabe, ao mesmo tempo, que ela não existe. Isso se traduz clinicamente, por exemplo, na necessidade, para um homem, de escutar os dizeres da sua mulher. Os dizeres adquirem um estatuto quase alucinatório ao qual cumpre obedecer. A voz de uma mulher pode, assim, ocasionalmente, encarnar para um homem a figura de um Outro sem falha. O neurótico acredita, assim, que existe ao menos Uma que não é como as demais. Isso pode adquirir um estilo no analisante de tipo: "minha mulher diz que..." — estilo que, às vezes, deixa o sujeito sem nenhum tipo de distância; a sua única possibilidade é repetir os mandamentos da voz de sua mulher. Como eu ia dizendo, na perversão o sujeito se dedica; ele vai se aferrar, vai consagrar todas as suas energias em completar a castração de uma, fazendo-a toda.

Dito de outro modo, estamos longe de uma clínica diferencial que se sustenta nas práticas sexuais, já que é aqui que muitos clínicos se equivocam em relação a identificar a questão da perversão. E esse é um tema clássico em Lacan. Por exemplo, no texto já evocado *De uma questão preliminar a todo tratamento possível da psicose*, que é dedicado à psicose, ele evoca um ponto crucial para a clínica a partir do caso Schreber, quando formula que as práticas transexuais de Schreber não são indignas de práticas perversas. O que isso quer dizer? Que as práticas transexuais podem ser práticas que correspondem a um sujeito perverso ou a um sujeito psicótico. E mais: no caso Schreber, caso alguém se refira somente às práticas sexuais, poderia pensar em perversão. O que se deduz nessa última observação de Lacan é que, a partir das práticas sexuais, não há modo de estabelecer uma distinção clínica precisa.

Uma vez isso exposto, cumpre situar outro ponto de diferença de Lacan em relação a Freud, visto que em Freud há certa tendência — não digo que seja a única linha de concepção em Freud, mas sim que existe uma tendência — a considerar a perversão como uma fixação a uma conduta sexual que não seja a da genitalidade heterossexual. Decerto existe essa ideia em Freud, ao menos em 1905: tudo o que na sexualidade não é genitalidade heterossexual é considerado inibição em relação à finalidade ou desvio; e é, portanto, suscetível a ser considerado perverso. Existe, além disso, a ideia de uma progressão libidinal que, no caso de ser fixada, antes de sua conclusão, dá lugar à perversão. Isso quer dizer que, seguindo essa perspectiva, a concepção é a de que a perversão é uma fixação na evolução que não permite o acesso à pulsão genital. Seguindo essa lógica, seria possível considerar perverso todo e qualquer tipo de sexualidade que se limite às preliminares do ato sexual.

Quando evoco a ideia de uma certa tendência em Freud, ainda que não seja a sua tese, é porque nele existe também uma outra linha que sustenta o caráter enigmático da heterossexualidade. É enigmático na medida em que, contrariamente à concepção precedente, Freud sustenta que não existe um programa natural que produza um empuxo à heterossexualidade, e o inconsciente não supre o que a natureza não ofereceu. É o que leva Freud logicamente a pensar que a heterossexualidade é um sintoma, isto é, ele pensa que a heterossexualidade é um sintoma do mesmo modo que afirma que a homossexualidade é

A PERVERSÃO GENERALIZADA E A ESTRUTURA PERVERSA

sintoma. Cumpre entender "sintoma", em ambas as ocasiões, como referido não a um desvio, mas a uma resposta que inclui uma decisão inconsciente.

Se Freud pensou que "a anatomia é o destino"[19], em nenhum momento sustentou que a anatomia é suficiente para que um sujeito assuma uma posição como ser sexual. Daí vem a proposição freudiana sobre o Édipo. O Édipo supre o que o programa biológico não ofereceu. Com isso, a partir da perspectiva psicanalítica, descarta-se toda e qualquer hipótese de um destino sexual biológico guiado unicamente pela genética. Dito isso, deduz-se que a heterossexualidade em Freud não pode se considerar como a norma. Na mesma perspectiva, e contrariamente a muitos autores pós-freudianos — à corrente clássica dos pós-freudianos, digamos —, em Freud, se existe a ideia de uma progressão da sexualidade que vai na direção da heterossexualidade, ao mesmo tempo a sua tese central é a de que a pulsão é parcial. O que isso quer dizer? Que não existem, no sujeito, os meios que possibilitem um encontro sexual que seja da ordem do perfeito encontro entre o sujeito e seu complemento. Quando se afirma que a pulsão é parcial, bate-se na tecla de que não há adequação entre os gozos no encontro de corpos. Dito de outro modo, isso vai se traduzir num modo mais preciso com a fórmula de Lacan de que "não há relação sexual", em relação à qual a tese de Freud sobre a pulsão como necessariamente parcial constitui uma antecipação. De fato, como Lacan indica, "não há relação sexual" é "um dizer de Freud". Isso quer

---

[19]A afirmação aparece por escrito em dois momentos da obra freudiana: em *Sobre a mais comum depreciação da vida amorosa* (1912) e em *A dissolução do complexo de Édipo* (1924). (N. de T.)

dizer que Freud não o diz, mas é algo que se deduz do conjunto dos seus ditos.

Não é que não existam as relações sexuais, o que não existe é o encontro com o objeto de um modo tal que a pulsão permita o encontro com um objeto suscetível a encarnar a harmonia absoluta. A satisfação está condenada a ser da ordem do parcial, e isso é o que Lacan vai traduzir em termos de "não há relação sexual". Por outra lado, o que prolonga essa perspectiva é sua afirmação de que a satisfação do gozo é sempre limitada e discreta, isto é, há obstáculos para o gozo. E mesmo quando o sujeito encontra, por um momento, aquilo que seria a plenitude do gozo, quando tenta repeti-lo, diz: "já não é o mesmo" — e, a partir daí, instala-se a decepção.

Então, a tese de Freud sobre a pulsão como parcial nos dá uma ideia de que, na sexualidade, há um obstáculo à existência de uma satisfação absoluta. Sempre existe uma satisfação que, como dirá Lacan no seminário *Mais, ainda*, vai ser somente de uma parte do corpo do outro. Em relação a essa última proposição, talvez conviesse deixar a perversão em separado, caso se leve em conta uma outra das definições do seminário *La logique du fantasme*, quando sustenta que "... na perversão trata-se de uma mesma carne". A que ele se refere? Ao fato de que o sujeito perverso é aquele que dispõe de um saber fazer com o gozo, de tal modo que encontra no objeto um gozo que não está marcado pela castração. É um modo de saber fazer com o gozo do qual cada sujeito, por haver entrado na linguagem, se separou. Tentar fazer existir o gozo absoluto, aquilo ao qual o perverso se aferra, demonstra o caráter mítico do gozo do Outro. Só existe o gozo do Outro na fantasia do sujeito. O único gozo que existe é a experiência de cada um com o seu próprio corpo. Trata-se

A PERVERSÃO GENERALIZADA E A ESTRUTURA PERVERSA | 83 |

de uma proposição lógica que leva em conta a existência de um furo no Outro; e, portanto, de um déficit de gozo que é irreparável. O gozo absoluto seria o indicativo da não castração do Outro. A operação perversa aponta para isto: extrair a barra que limita o Outro. Percebe-se a coerência com o aventado na fórmula do encontro, anteriormente evocada, do texto *Televisão* — no qual se afirma que o homem encontra A mulher na perversão. Aquilo de que se trata em "trata-se de uma mesma carne" é que não há algo que surge como insatisfação ou como marca de uma falta. É esse o programa do sujeito perverso, diferindo do programa geral que constitui a estrutura de todo sujeito fora da perversão. Para dizer de outro modo: o programa para o ser humano, o seu programa sexual, é um programa de insatisfação, é um programa feito de encontros de corpo. Encontros entre um corpo marcado por suas contingências — que são a marca do desejo do Outro, dos incidentes da vida —, de um lado; e, do outro, o corpo do outro, que sempre comporta um limite no que se refere ao gozo. É a esses limites que o perverso faz objeção.

Ora, digamos que em Freud existem ambas as dimensões já evocadas: há, de um lado, a ideia de uma sexualidade normal — heterossexualidade —, segundo a qual o Édipo completa o que a biologia não programou. O Édipo, seguindo essa perspectiva, oferece as chaves para completar a orientação em direção à heterossexualidade; e entende-se, nesse ponto, uma de suas definições da perversão, que é a de considerá-la uma satisfação do corpo não heterossexual. E por outro lado, como também já evoquei, há a ideia da pulsão parcial e, portanto, de que a normalidade é inexistente. A partir dessa última vertente, a ideia é que a sexualidade necessariamente é perversa, no sentido de que sempre se trata de uma satisfação parcial; e de que a convergência rumo a uma pulsão completa, genital e harmônica com o outro é impossível.

Assim se entende por que Lacan fez referência a essa definição, que vale a pena comentar, em seu seminário *Mais, ainda*, quando alude à perversão polimorfa do macho, isto é, do homem. Ele se refere ao fato de que a sexualidade humana é essencialmente perversa, no sentido em que um homem localiza, de um modo eletivo, o seu modo de gozo numa parte do corpo da mulher. Essa proposição não quer dizer que todos os seres humanos pertençam à categoria clínica da perversão. Ademais, novamente, essa afirmação não inclui a referência à perversão da mulher.

A tese sustenta que a sexualidade é perversa, o que não quer dizer que a perversão não existe; existem sujeitos que se incluem numa estrutura clínica chamada "perversão". Dito de outro modo: de um lado existe a sexualidade perversa generalizada; de outro, a perversão como estrutura clínica. Ora, Lacan vai se servir da questão da perversão em relação ao desejo, o amor e o gozo; em relação ao par sexual e em relação ao grande Outro. Por exemplo, em relação ao desejo, a ideia de Lacan é de que a tese sobre o desejo, Freud a extrai de seus desenvolvimentos em relação à perversão, e de fato é isso que vai levá-lo a dizer que, no homem — não no ser humano, e sim nos seres do sexo masculino —, o desejo, mas também o amor, é essencialmente fetichista, o que apenas acentua — é nesses termos que Lacan se refere — a estrutura fetichista. Percebe-se que a margem entre a estrutura fetichista e o desejo masculino é muito estreita, mas ao mesmo tempo essa margem existe. É a distância que separa o desejo masculino e a perversão como estrutura.

Por outro lado, e retomando o eixo da relação da perversão com o Outro, cabe assinalar que Lacan faz uma articulação,

A PERVERSÃO GENERALIZADA E A ESTRUTURA PERVERSA

no seminário *Mais, ainda*, em relação à perversão, no contexto em que aborda o gozo feminino, e a ex-istência de Deus — ex-istência com um hífen para mostrar o que existe, mas existe por fora. É nesse momento que ele introduz a fórmula: "por que não interpretar uma face do Outro, a face Deus, como suportada pelo gozo feminino?"[20]. Dito de outro modo, existe uma série de indicações constantes em Lacan sobre o que seria o laço entre o perverso, o gozo feminino e Deus. No seminário *De um outro ao Outro* ele vai caracterizar o perverso como aquele que se dedica a rematar o furo do Outro. Isso implica que não se trata de um não querer saber sobre a falta do Outro — essa é a posição neurótica. Não é tampouco um retroceder diante da castração do Outro; o retroceder diante da castração do Outro é bem perceptível no uso neurótico da fantasia, que se põe a serviço de fazer existir um que não falta — o exemplo maior é o da histérica, no amor ao pai.

Na perversão trata-se de outra dimensão. Isso é explícito porque Lacan deu esta fórmula enigmática da perversão ao dizer que "o perverso é um defensor da fé", ou também porque pôde afirmar que "o perverso é um singular auxiliar de Deus" — ou seja, essas definições justificam o intento de abordar a questão da estrutura perversa em relação à mulher e ao gozo feminino. Ademais, o que Lacan introduz aqui é uma outra dimensão porque estabelece uma articulação entre a perversão e Deus. O perverso, defensor da fé, indica uma relação com Deus que difere da crença religiosa. Trata-se de dedicar-se a esconder toda possível falha no Outro. Isso habitualmente toma forma no sujeito de modo tal que se faz o defensor da causa materna.

---

[20]LACAN, J. (1972-1973) *O seminário, livro 20: Mais, ainda*, 2ª ed. Trad. M.D. Magno. Rio de Janeiro: Editora Zahar, 1985, p. 103.

O par que o perverso forma com o Outro materno supre a não relação do par parental. O que cumpre anotar é que o melhor modo de assegurar a relação com o Outro materno é através de um amor puro, o que significa um amor dissociado de toda e qualquer contaminação de desejo. O modelo da relação do sujeito perverso com a mãe é o que servirá, mais tarde, para outras experiências de amor. Cumpre dizer que, como operação, é exitosa. O amor puro constitui um par perfeito, já que antecipa — e, portanto, resolve — as possíveis implicações do desejo que constituem sempre um indício de separação com o Outro.

Retomando a questão que consiste em se fazer auxiliar de Deus, isso pode se demostrar a partir de Sade. É suficiente tomar o exemplo da literatura que evidencia essa dimensão ao pôr em jogo a colocação em ato da fantasia em relação à vítima. Trata-se do atravessamento de um limite, mas só até certo ponto, que corresponde à implementação de um roteiro. Atravessa-se um limite, mas ao mesmo tempo fixa-se um limite que é necessário não ultrapassar. Trata-se, muito frequentemente, não apenas de ter encontrado a vítima que se adeque ao roteiro e permita, assim, a realização do ato perverso, mas também com a condição de que isso se dê sob o olhar de Deus. Ou seja, quando Lacan diz que o perverso se dedica a tamponar o furo no Outro, o que o sujeito tenta fazer é emergir um olhar que não existe, fazer emergir o olhar de Deus. Isso se verifica em todo lugar da obra de Sade, na qual, nas cenas de suplício — que são de uma monotonia absoluta, pois são todas iguais —, aquilo de que se trata é infligir à vítima o mesmo tratamento, e sobretudo fazê-la sofrer até o ponto em que o outro vai desfalecer, mas não completamente. Frequentemente a cena se desenrola numa igreja, isto é, sob o olhar de Deus. Dito de outro modo, a igreja é o contexto ideal para a implementação do roteiro da fantasia. É o que permite inferir, a partir do desenvolvimento de Lacan, quanto à existência de uma fantasia fundamental em Sade, a do sofrimento eterno.

O sofrimento vem completar o furo que fica vazio pela impossibilidade de acessar um gozo que seja sem limites. Mas, para que seja eterno, falta ao mesmo tempo uma barreira. É exemplar, nesse sentido — na literatura de Sade, assim como na maior parte das experiências perversas —, a função da beleza. É fato que o perverso explora os limites e as máscaras que recobrem a vítima. A beleza é, nesse sentido, essencial, já que cobre o ponto de horror fundamental do sujeito. Nesse sentido, a fantasia fundamental de Sade, do sofrimento eterno, inclui o véu da beleza atrás do qual se esconde o ponto de fascinação absoluto do sujeito perverso, o encontro com o que possa suscitar o horror mais horrível. Depreende-se do dito que a perversão não é o gozo a céu aberto. É um gozo dirigido pela fantasia e, portanto, ordenado por uma axiomática da linguagem e recoberto pela dimensão imaginária.

Retomo aqui então o que foi enunciado antes, a saber, que há uma correlação estreita, na fantasia, entre o sujeito sádico e a dimensão do objeto "olhar". Do mesmo modo, Lacan constrói outro par: o olhar é para o sadismo o que a voz é para o masoquismo. No masoquismo, inclusive, ele aventa uma fórmula enigmática quando sustenta que o masoquismo é mais exitoso que o sadismo. Poderiam perguntar por que é mais exitoso. Se Lacan sustenta que o masoquismo é mais exitoso, é justamente porque o sujeito se faz objeto da voz de Deus. Para justificá-lo, Lacan introduz a questão do objeto: não do olhar de Deus, mas da voz de Deus. Que o masoquismo seja mais exitoso é algo que se pode explicar do seguinte modo: justamente por ser uma questão de posição de gozo que implica o sujeito consigo mesmo, não havendo a necessidade de fazer com que o gozo passe pelo intermédio de um semelhante. O que constitui a essência dessa posição é que o sujeito se faz o objeto da voz e, portanto, faz-se dejeto em relação à voz. Paradoxalmente, isso o protege de toda experiência que venha perturbá-lo, que venha arruinar a sua estabilidade.

O masoquismo é exitoso, então, porque assegura uma estrutura de desejo estável que protege o sujeito das contingências. O sujeito, fazendo-se objeto do Outro, está assegurado em sua posição. A posição sádica, pelo contrário, consiste em infligir uma tortura à sua vítima, e fazer surgir o olhar de Deus. Isso coloca o sádico numa posição de dependência em relação à vítima. É necessária a relação com a vítima na qual se chegue até determinado ponto, ponto que não deve ser ultrapassado. O que se busca é a angústia do outro para fazer surgir o olhar de Deus. Se o outro não se angustia, não é suficiente; mas, por exemplo, se ele morre, já não está mais ali, já não há mais gozo. Ou seja, o gozo está bem delimitado com fronteiras muito precisas, no sentido em que pode fracassar. Isso deixa o sádico em posição de dependência com relação ao seu parceiro de gozo. No masoquista, trata-se do fato de que o parceiro está posto no lugar de Deus. É suficiente fazer com que Deus exista na fantasia, e colocar-se em posição de objeto, para acessar o gozo masoquista. Nesse sentido, o gozo masoquista está mais livre das peripécias que o gozo sádico. Não se trata, no masoquista, de angustiar a vítima — como no caso do sádico. O que se evidencia em ambos os casos é uma vontade de gozo que não está determinada por uma posição de sujeito; aquilo de que se

A PERVERSÃO GENERALIZADA E A ESTRUTURA PERVERSA 89

trata, e isso é uma questão fundamental, é de completar o gozo divino a partir de uma posição de objeto. O que guia a devoção perversa é como fazer para que esse gozo de Deus, se ele existe, seja um gozo absoluto; nesse sentido entende-se a fórmula de Lacan: "o perverso auxiliar do Outro".

Isso se conecta com certos modos de gozo místico. A questão do gozo místico é complexa porque Lacan, no seminário *Mais, ainda*, refere-se essencialmente a um gozo místico que é perverso. Isso não quer dizer que todo gozo místico seja perverso. Existem os místicos, que em geral são místicas; e, dentro das místicas, existe um gozo particular — o gozo místico —, o qual não é a abnegação de gozo, como eu vinha dizendo. E isso porque, mais que uma renúncia, o gozo de que se trata é um gozo com Deus. Quando se leem as místicas, a experiência de gozo é evidente. O que sobressai é uma experiência de gozo do corpo no pensamento com Deus. Mais que extrair-se de toda experiência de gozo, pelo contrário, trata-se ali de um excesso de gozo. Isso não implica, necessariamente, que seja um gozo perverso. Lacan não generalizou. Pode-se deduzir, portanto, que dentre as místicas existem casos de perversão, casos de psicose, e também sujeitos para os quais é difícil estabelecer um diagnóstico.

Resta ainda uma pergunta em relação à angústia. O que é preciso entender é que a busca do gozo do Outro não deixa de ter relação com a angústia, algo revelado essencialmente pela posição masoquista — que não se caracteriza pela busca da dor, mas pela busca da angústia do Outro. Lacan é explícito quanto a esse ponto, ao dizer que aquilo para o qual o masoquista aponta é a angústia de Deus.

Então a pergunta que se faz é: há uma incompatibilidade entre a angústia e a perversão? A estrutura que Lacan oferece no texto *Kant com Sade*[21] iria no sentido de pensar que existe uma incompatibilidade, porque concebe uma estrutura na qual o perverso não está em posição de sujeito, mas em posição de objeto, e o sujeito está do lado do Outro. E na medida em que o par com o perverso adquire a forma segundo a qual o perverso se coloca em posição de objeto, o que obriga o seu parceiro a colocar-se em posição de sujeito, surge a concepção — que os analistas, via de regra, sustentam — de que "a perversão é inanalisável porque o analista não está em posição de sujeito suposto saber". Isto é, a proposição seria que o analista ficaria localizado na posição de sujeito dividido, daí a conclusão à qual chegam certos analistas: "o que o perverso busca é me angustiar". De fato, o que aparece nos comentários dos analistas — frequentemente os que estão em formação — é que, eventualmente, quando um analisante causa muita angústia, o analista diz: "ah, deve ser um perverso, porque me angustia". Em relação a esse ponto, cumpre destacar que cada um se angustia por questões diferentes; e se há um sujeito que causa angústia, não há nenhuma razão para colocar nele imediatamente a etiqueta de perverso. Ou seja, que a questão da angústia do analista não pode ser um critério diagnóstico, e tampouco um critério de incompatibilidade com a análise.

Ora, é certo que, caso se siga a ideia de que, na perversão, há um saber fazer com o gozo — e de que a experiência da análise parte não só de uma suposição de decifrar o inconsciente, mas também supõe ao analista um saber fazer com o gozo que escapa a alguém —, é legítimo perguntar-se o que um perverso

---

[21]LACAN, J. (1963) Kant com Sade. *In*: LACAN, J. (1966) *Escritos*. Rio de Janeiro: Jorge Zahar Ed., 1998, p. 776-803.

A PERVERSÃO GENERALIZADA E A ESTRUTURA PERVERSA |91|

pode esperar da análise. Talvez o fato de ele saber mais que o analista em relação ao gozo que o convém de fato seja uma das razões pelas quais os analistas se angustiam, porque têm diante de si alguém que já dispõe de um saber fazer com o gozo.

Portanto, trata-se de saber por que um sujeito perverso chega à análise. A experiência clínica demonstra que aquilo que causa a demanda, como é o caso de qualquer sujeito, é a angústia. A pergunta que surge então é a seguinte: quando é que um perverso se angustia? Como qualquer sujeito, quando encontra a castração. A razão é o fato de que ele passou pela experiência de castração, a qual deixa como marca o que Freud chamou de "estupor", de "horror". Cada vez que na vida tal experiência se reativa — o que não ocorre somente no encontro com o sexo feminino —, a angústia aparece. Porém, é certo que o perverso dá um jeito de evitar a emergência de angústia. No entanto, toda experiência que implique o encontro com a castração, e que não possa ser recoberta, deixa o sujeito em posição de angústia. Dali à demanda de análise é um pulo.

A questão que se levanta é, então, a seguinte: qual o manejo possível da transferência, sabendo que a questão do sujeito suposto saber, na perversão, encontra-se em maus lençóis? No seminário *A angústia* Lacan se refere ao manejo da transferência na perversão, e nesse ponto específico aquilo de que se trata é que o analista ocupe o lugar do objeto *a*. Dito de outro modo, na posição transferencial trata-se menos de ocupar o lugar da suposição de saber que de ocupar o lugar de objeto *a*. Trata-se, então, seguindo o contexto da elaboração da época, de como o analista deve produzir uma circunscrição, encarregar-se da questão do gozo, já que, ainda que o perverso saiba sobre o seu gozo, ele não dispõe de um saber absoluto sobre o gozo.

A angústia do lado do sujeito perverso é o sinal de que algo do gozo lhe escapa; e o analista, nesse ponto, tem de fazer semblante do objeto que falta ao perverso.

Recapitulando, podemos afirmar então que o neurótico responde à falta do Outro, ao que não existe, fazendo-se, ele mesmo, falta-a-ser. Dito de outro modo, com a sua falta-a-ser ele se encarrega da falta que, por definição, estrutura o Outro — o que Lacan escreve como "significante da falta no Outro". O perverso, em contrapartida, é aquele que vai restituir o mais-de-gozar ao Outro. O perverso completa o Outro, restitui-lhe aquilo que o Outro perdeu, fazendo com que o Outro — se há um Outro — seja um Outro sem falta. Se o Outro não tem falta, o sujeito, ele mesmo perverso, evita o encontro com a falta, e é isso que permite entender a frase segundo a qual ele e o outro são "uma mesma carne", no sentido de que não existe falta.

É sobre isso que nos debruçaremos no próximo capítulo, abordando o caso Gide e tentando responder à pergunta se Gide exemplifica, ou não, um sujeito que restitui ao Outro o seu mais-de-gozar; e se Gide exemplifica, ou não, um sujeito que evita o encontro com a falta em sua modalidade de gozo.

| 2 |

Lacan com Gide

Lacan dedica um texto inteiro dos seus *Escritos* a comentar o caso Gide — texto no qual em nenhum momento ele utiliza o diagnóstico de perversão. Como é habitual, prevalece nele uma dimensão de prudência; sobretudo com a possibilidade de estigmatizar um sujeito célebre com um diagnóstico; e, mais ainda, no caso de um sujeito que não esteve em análise com ele. Lacan serve-se de Gide para efetuar um desenvolvimento teórico, assim como mais tarde, de um modo análogo, fará com Joyce. Resta demostrar qual é o desenvolvimento teórico de Lacan no contexto em que introduz o caso Gide, e então a pergunta que também surge é: o que justifica a conexão entre Gide e a perversão?

Do ponto de vista da metodologia, nada impede que nos sirvamos de textos posteriores de Lacan, sobretudo quando permitem elucidar questões que ele havia começado a levantar em textos prévios sem ter chegado a apurar sua concepção teórica. Vou me referir, portanto, à última concepção do desejo em Lacan — essencial para a clínica analítica e a elucidação do caso Gide — segundo a qual, como ele formula explicitamente, o desejo se concebe unicamente no enodamento entre o simbólico, o imaginário e o real.

As duas perguntas cruciais que, a partir daí, surgem no caso Gide seriam as seguintes: como o seu desejo se converte em obra literária? E a pergunta inversa também é válida: como a sua obra afeta esse desejo?

O artigo de Lacan sobre Gide aparece pouco tempo depois da publicação de um texto escrito por Jean Delay, que era o chefe do serviço de psiquiatria que, à época, recebia Lacan para fazer as apresentações de pacientes no Hospital Sainte-Anne, em Paris. O texto de Delay aparece em dois volumes bem consistentes, intitulados *La jeunesse d'André Gide* [A juventude de André Gide][1], nos quais ele se propõe a analisar a gênese da estrutura psíquica de Gide, sustentando-se em elementos biográficos e deduções de sua obra.

Por que pouco tempo depois da aparição desse livro, tão debatido, Lacan decide fazer o seu artigo? Por que Lacan publica o seu texto sobre Gide com o título *Juventude de Gide ou a letra e o desejo*, que aparece uma primeira vez na revista *Critique* em abril 1958, antes de aparecer nos *Escritos*? Lacan em nenhum momento expõe as razões pelas quais fez essa publicação. Mas é importante deduzi-las.

Num primeiro nível de leitura, a primeira resposta que surge é que Lacan não publica seu texto para fazer um elogio ao livro de Delay, já que em nenhum momento retoma de modo

---

[1]DELAY, J. (1956) *La jeunnesse d'André Gide*. Paris: Gallimard, 1992.

LACAN COM GIDE | 95 |

idêntico as teses por ele aventadas; não é por aí que ele vai, portanto. Conhecendo o conjunto da obra de Lacan, pode-se também afirmar que a razão de seu artigo tampouco seria mero gosto literário, nem que ele o fez com a ideia de realçar o valor de uma obra por si só inestimável. Nesse caso, isso se verifica também na medida em que Lacan não adota o ponto de vista do comentário literário.

Um esboço de resposta começa a aparecer caso se tome o fato de que Lacan evoca nesse artigo aquilo que ele chama de "o caso Gide". Trata-se então, fundamentalmente, do que "o caso Gide" pode ensinar à psicanálise. Isso significa, antes de mais nada, que não se trata de fazer uma psicanálise aplicada a um texto. Não se trata da psicanálise aplicada à obra de Gide, do modo como Freud pôde ocasionalmente fazer com o que ele chamava de "psicanálise aplicada". Decerto Freud, em várias oportunidades, serviu-se dos conceitos da psicanálise para tentar explicar uma obra de arte, incluindo o comentário psicanalítico em relação a autores da literatura. Freud, nesses casos, dedicou-se a conferir uma elucidação psicanalítica aos enigmas de uma obra artística, colocando-os em conexão com o que sabia da vida do autor; inclusive não se privou, eventualmente, de interpretar cenas da vida do autor que pudessem esclarecer algum aspecto da obra.

Em Lacan trata-se do inverso. Trata-se de se servir de uma criação e da relação do autor com a criação para ver o que dessa obra se pode extrair para elucidar a teoria psicanalítica. Além disso, Lacan formula explicitamente que o seu método não consistia em apoiar-se na biografia de um autor. É certo que, com Gide — e sobretudo com Joyce —, Lacan não segue completamente essa proposição: ele utiliza, em cada um desses casos, elementos da história pessoal. Apesar disso, é evidente que ele muda a perspectiva freudiana, fato com o qual a pergunta se desloca e o que surge como essencial é saber o que é que Lacan quis demostrar com o caso Gide.

A minha ideia, e retomo aqui o que foi dito anteriormente, é que é preciso conhecer o conjunto da obra — refiro-me a Lacan — para se dar conta de que a resposta, a mais garantida, para essas perguntas encontra-se num de seus desenvolvimentos teóricos ulteriores.

Não me parece casual que seja exatamente nesse mesmo lugar, o hospital Sainte-Anne — quando de seu seminário *Le savoir du psychanalyste* [O saber do psicanalista][2] —, que Lacan retome o caso Gide, 15 anos depois da publicação do primeiro texto dedicado a esse autor. É daí que se pode deduzir a verdadeira justificativa que ele dá quanto ao porquê de ter se interessado por Gide.

Façamos uma primeira constatação. É no ano de 1959, um ano depois da aparição do texto de Gide, que Lacan ministra um seminário — que é *O desejo e sua interpretação*[3] — no qual retoma o caso do escritor. Temos então o texto de Gide, de abril de 1958; no ano 1959, *O desejo e sua interpretação*; e, anteriormente a isso, o texto citado antes sobre as psicoses (*De uma questão preliminar a todo tratamento possível da psicose*, de

---

[2]Em alternância com o seminário 19 (*...ou pior*) — que ocorreu na Faculdade de Direito de Paris em 1971-72 —, *O saber do psicanalista* foi ministrado por Lacan, no mesmo período, na capela de Sainte-Anne. J.-A. Miller, responsável pelo estabelecimento dos seminários, optou por publicar separadamente esse conjunto desses textos: parte foi reunida em *Estou falando com as paredes* (2011); parte, acrescentada ao seminário *...Ou pior*, onde os textos constam designados como entrevistas. (N. de T.)

[3]LACAN, J. (1958-1959) *O seminário, livro 6: O desejo e sua interpretação*. Trad. C. Berliner. Rio de Janeiro: Editora Zahar, 2016.

janeiro de 1958), no qual ele aventa a ideia já evocada que começa com a frase: "todo o problema da perversão"[4].

Em *O desejo e sua interpretação*, de 1959, há uma série de observações muito importantes em relação à perversão. Aquilo de que se trata para Lacan, naquele momento, é abalizar o que é o desejo perverso. E no início, como ocorre muito frequentemente em sua metodologia, ele se dedica a criticar a concepção do pós- freudismo em relação à perversão. A crítica é maciça, mas comporta uma exceção em relação a um autor, destacado por Lacan, que é Gillespie. Ele se serve do uso do conceito de *splitting* desse autor. *Splitting* é a tradução para o inglês do termo *Spaltung*, do alemão, do qual Freud se serve, e cuja tradução para o espanhol é *escisión* [cisão]. Esse termo é utilizado por Freud num texto tardio, visto que é de 1938: *A cisão do eu no processo de defesa*[5] — texto no qual ele expõe o funcionamento da perversão. É dali que os pós-freudianos tomaram o termo *splitting*, do qual Gillespie se serve para aplicar à perversão.

O que é interessante destacar é que Lacan retoma a concepção de Gillespie, a quem ele elogia, colocando-o num lugar à parte em relação à concepção dos pós-freudianos sobre a perversão; e vai ainda mais longe, visto que ele a aplica ao caso Gide. O que vai interessar a Lacan é como um sujeito (nesse caso, Gide) encontra um equilíbrio, o que o sustenta em sua existência; e como a obra — esse é o ponto fundamental e interessante — agrega algo a esse equilíbrio; dito de

---

[4] J. Lacan (1958) De uma questão preliminar a todo tratamento possível da psicose. *In*: LACAN, J. (1966) *Escritos*. Rio de Janeiro: Jorge Zahar Ed., 1998, p. 561. (N. de T.)

[5] FREUD, S. (1938) A cisão do eu no processo de defesa. *In*: FREUD, S. *Obras completas*, vol. 19: Moisés e o monoteísmo, Compêndio de psicanálise e outros textos. Trad. P. C. de Souza. São Paulo: Companhia das Letras, 2018, p. 345-350.

outro modo, em que uma obra serve para um autor. E é exatamente nessa mesma perspectiva que, no seminário *Le savoir du psychanalyste*, ele vai se referir à mesma questão, dessa vez utilizando o termo que não havia utilizado em nenhum momento quando se refere ao caso Gide em seu texto de 1958, que é o termo "compensação". Dito de outro modo, a lógica do caso Gide — seja em seu texto *Juventude de Gide ou a letra e o desejo*[6], em seu seminário *O desejo e sua interpretação*, ou em seu seminário *Le savoir du psychanalyste* — consiste em abalizar o que funda o equilíbrio subjetivo de Gide, o que constitui o suporte para o seu desejo, e o lugar da obra literária nesse equilíbrio. Isto é, como a obra compensa e funciona como sustentáculo daquilo que a estrutura do sujeito deixou em suspenso e de um modo instável.

Ele retomou a tese de 1959 do seminário *O desejo e sua interpretação*. Ela se baseia na questão da identificação que prolonga o que fora desenvolvido no capítulo anterior em relação ao texto *De uma questão preliminar a todo tratamento possível da psicose*, no qual Lacan aborda a estrutura perversa a partir da modalidade como se efetuam as identificações. Em relação a Gide, ele aventa a ideia de uma identificação bem particular que qualifica como dupla. Em primeiro lugar, trata-se de uma identificação narcisista; em segundo, de uma identificação com a mãe.

O que Lacan vai convocar — este é um ponto fundamental no Seminário *O desejo e sua interpretação* — é a questão de que, em Gide, houve um impasse, um beco sem saída, em relação ao

---

[6]LACAN, J. (1958) Juventude de Gide ou a letra e o desejo *In*: LACAN, J. (1966) *Escritos*. Rio de Janeiro: Jorge Zahar Ed., 1998, p. 749-775.

LACAN COM GIDE

desejo, e foi preciso que se produzisse uma sublimação. A ideia é então a de que as identificações não foram suficientes para sustentá-lo. Entretanto, não se constata uma falha identificatória que desse lugar ao desencadeamento da estrutura. Não há desencadeamento, e o termo é válido simultaneamente para a neurose e para a psicose. Em seu caso não houve desencadeamento nem neurótico, nem psicótico. Qual teria sido o sinal de um desencadeamento neurótico? A emergência de uma angústia intolerável que se transformasse em sintoma. No caso Gide constata-se a angústia, mas trata-se de uma angústia recorrente e, além do mais, sem a fixação num sintoma.

Qual teria sido o sinal de um desencadeamento psicótico? A emergência de manifestações de tipo eruptivo, sem razão, e não necessariamente ligadas ao desejo do Outro — o que é possível, em certos casos, com a emergência de ideias delirantes ou alucinações.

Podemos afirmar, então, que Lacan tanto constata um impasse no desejo em Gide quanto, ao mesmo tempo, consegue isolar a especificidade da saída do impasse — que, nesse caso, traduziu-se na possibilidade de se servir de uma sublimação. É exatamente esse eixo que Lacan vai tomar, no Seminário *Le savoir du psychanalyste* — dessa vez com o termo "compensação", do qual não havia se servido antes —, para se referir ao caso Gide.

Evocar a compensação supõe igualmente ter uma ideia do que é preciso compensar. No caso Gide existem indícios concordantes, tanto biográficos quanto manifestos em sua obra, de que se tratou de uma criança não desejada. Lacan é explícito e categórico. O que Gide teve de compensar é o fato de que foi uma criança não desejada, abandonada. Lacan utiliza um termo preciso, *délaissé*, deixado, que acentua o desinteresse do Outro. Dito de outro modo, o desejo do outro não deixa a sua marca no sujeito. Pode-se então afirmar que se trata de um caso no qual o desejo do outro não operou no sujeito. O problema — e esse é o ponto essencial, como diz Lacan — é que isso, em si, está longe de constituí-lo como um caso único.

Se não é a partir daí que se pode considerá-lo um caso único, em que reside a especificidade em Gide? O que é único e singular em seu caso é o modo de compensação, justamente. A compensação, então, é uma necessidade imposta pela estrutura. O que é específico é a invenção que ele encontrou na compensação. O que foi compensado é o risco de um desenodamento entre real, simbólico e imaginário. Se partimos, conforme o que recordei do último Lacan, da ideia de que o desejo se concebe unicamente no enodamento desses três registros, a compensação é o que funciona evitando o risco de desenodamento dos registros. Cumpre dizer que isso concerne aos sujeitos em sua globalidade. É por isso que Lacan introduziu a necessidade de um quarto termo que enode real, simbólico e imaginário, e deu a esse quarto termo o nome de *sinthome* [sinthoma]. Pode-se considerar que, se ele se serve do termo "compensação" no caso Gide, é para demostrar uma diferença com o enodamento a partir do *sinthome*.

No seu caso, é uma compensação através da sublimação, o que difere de outro modo da compensação que passa pelo enodamento a partir do sintoma. Quando Lacan pensa, ao final de seu ensino, que o sintoma é necessário, é na medida em que sustenta que o sintoma é necessário ao enodamento dos registros imaginário, simbólico e real. Isso se demonstra especialmente na neurose. De fato, no seminário *O sinthoma*, Lacan faz o nó borromeano e a versão do pai equivalerem, visto que formula: "O nó borromeano, essa *père-version*", pai-versão[7].

Existe, de igual maneira, um enodamento que faz suplência na estrutura. É o que Lacan demonstra com o caso Joyce, no qual há uma suplência que difere do enodamento neurótico, que é através do sintoma. Sem desdobrar a suplência de Joyce, percebe-se que é em relação a esse caso que Lacan aventa o termo *sinthome* para dar conta de um uso lógico do nome que cumpre uma função equivalente ao sintoma na neurose.

Caberia, portanto, distinguir que o quarto termo que enoda o conjunto seria o sintoma, na neurose, e o *sinthome*, em certos casos de psicose; e restaria distinguir se existe uma especificidade perversa no enodamento. A pergunta se justifica ainda mais caso se leve em conta que Lacan, quando aventa o nó borromeano de quatro elementos, refere-se, ainda que sem explicitar, à perversão. Comecemos a responder do seguinte modo: se nada no caso Gide permite afirmar a constituição de um sintoma neurótico, a neurose, como modo de enodamento do nó borromeano, estaria fora de questão. Outros elementos que retomaremos vão nessa mesma direção. Cumpre distinguir, portanto, a compensação perversa de outros modos de suplência; e isso mais ainda na medida em que se pode afirmar que há um ponto que reúne Gide e Joyce, que é o fato de que, em ambos os casos, a compensação à ausência de desejo do Outro se fez pela letra. Nessa linha pode-se atentar para o fato de que

---

[7]Este trecho não consta como tal no texto estabelecido por J.-A. Miller. Ele foi modificado, lá aparecendo da seguinte maneira: "Aqui, uma observação que poderia, talvez, deter um pouquinho o que constitui abismo quando permitimos cerrar *a pai-versão com o uso do nó borromeano*". Cf. LACAN, J. (1975-1976) *O seminário, livro 23: O sinthoma*. Trad. S. Laia. Rio de Janeiro: Editora Zahar, 2007, p. 150; grifo meu. (N. de T.)

o título que Lacan deu ao texto sobre Gide é *Juventude de Gide ou a letra e o desejo*. Ao mesmo tempo, cabe assinalar que o que Gide compensou, bem como o modo da sua compensação, diferem radicalmente do caso Joyce. Em Gide há uma operação sobre a letra, mas a sua operação difere da operação de Joyce.

Antes de desenvolver esse ponto, retomo a questão da singularidade. Primeiro, para entender melhor a abordagem de Lacan, o que é preciso assinalar é que ele realiza uma modificação sobre um ponto essencial. Ela se refere à escolha de gozo no caso Gide. No ano de 1958, em seu texto sobre Gide, Lacan não se refere à sua perversão, mas afirma sua homossexualidade. No entanto, adiciona uma observação que é preciso levar em consideração: a de que esse ponto parece-lhe absolutamente secundário. Deduz-se, portanto, que não é a homossexualidade de Gide o eixo de seu interesse, nem a razão de seu artigo. Lacan não escreve sobre Gide para demostrar sua homossexualidade. E essa perspectiva se confirma na afirmação de Lacan no seminário *Le savoir du psychanalyste*, na qual conclui que Gide não é homossexual. Ou seja, ele mudou de opinião, é muito claro: num primeiro momento, considera que Gide é homossexual; num segundo, afirma que não. Trata-se de uma contradição? Na realidade, trata-se de uma contradição relativa, caso se leve em conta que, quando afirma a homossexualidade, ele diz, ao mesmo tempo, que ela é secundária. Na mesma direção, quando se lê o diário íntimo de Gide, entende-se por que Lacan relativizou a sua homossexualidade.

Mas, antes de mais nada, é preciso entender que, para Lacan — e de um modo constante, e não somente no caso Gide —, a questão essencial não é se alguém é heterossexual ou homossexual, e sim como em cada caso se enodam o desejo e o gozo.

LACAN COM GIDE

Nesse sentido, ele vai retomar uma questão que Gide se colocou de modo recorrente, que é a da normalidade da homossexualidade. Quando se lê a obra de Gide, verifica-se a correspondência com fatos da sua vida; e, tanto numa como na outra — isto é, na sua obra e na sua vida —, em múltiplas ocasiões aparece a pergunta sobre se sua sexualidade é normal.

Por exemplo, Gide consulta um médico antes de se casar. É o que Jean Delay relata em detalhes no capítulo que intitula *O casamento branco, Le mariage blanc. O casamento branco* é uma expressão que remete a uma referência cultural na França, e que concerne implicitamente ao casamento no qual o órgão sexual não intervém. Isto é, um casamento que se organiza de modo tal que a questão sexual fica completamente fora do matrimônio. O matrimônio branco, sinal da pureza, remete ao casamento no qual não há consumo sexual. Na atualidade, ao menos na França, *o casamento branco* é frequentemente um acordo baseado em interesses a fim de conseguir os documentos necessários para a obtenção da nacionalidade. Não foi o caso de Gide. O que bem se adapta à expressão "matrimônio branco" no caso de Gide é o casamento com a exclusão do sexual.

Nesse capítulo, o que se mostra é que Gide, logo antes da união, teve um encontro com um médico a fim de interrogá-lo sobre ser normal, ou não, ter pensamentos homossexuais, ao que o médico respondeu algo como: "não se preocupe, é tudo coisa da imaginação; com o casamento tudo se resolve". Ou seja, pode-se supor que o médico limitou-se a saber se Gide havia passado ao ato homossexual; e, diante da resposta negativa, o profissional relativizou a demanda. Foi assim que, dado não ter ocorrido uma passagem ao ato homossexual, o médico concluiu em termos prescritivos. Interviu como poderia intervir um sexólogo da nossa época, dando-lhe indicações de como fazer — um saber fazer na relação sexual. O futuro não confirma as palavras do médico; pelo contrário, o que confirma é que, com o casamento, nada se resolveu — e as ideias de Gide revelaram-se como não sendo pura imaginação. O amor, contrariamente ao que disse o médico, não produziu nenhuma normalização do desejo.

O que Jean Delay mostra é justamente que, após o casamento, não houve um despertar do desejo sexual em Gide, que encarna o caso de um homem sem desejo sexual por uma mulher. Isso faz de Gide um homossexual, então? Nada garante. Como afirma Jean Delay, está ausente em Gide o desejo por um homem; e como assinala o próprio Gide, inclusive, se ele teve relações amigáveis — e, por vezes, apaixonadas — com certos homens, foi sempre sem nenhuma conotação sensual. E mais: ele sempre sustentou sua "repugnância" ao associar "espírito e sentidos". Como dizia Gide, o vício "me produzia horror". No entanto, e de maneira surpreendente, muito mais tarde em sua obra — mais exatamente em *Córidon*[8] —, Gide preconiza que a educação sexual de um homem deve ser iniciada por outro homem adulto. Podemos entender esse preceito se o relacionamos com a ideia que ele tinha quanto ao fato de que, sem a educação, os instintos — no sentido do gozo sexual — ficam à deriva. Demonstra-se novamente a ausência de um desejo que dá um vetor ao gozo. Gide ilustra melhor a pureza da divisão entre o amor e o desejo, um amor puro que não se deixa infiltrar por nenhum desejo.

Quando Lacan retoma a ideia da normalidade e da homossexualidade no seminário *Le savoir du psychanalyste*, ele dá

---

[8]GIDE, A. (1924) *Córidon*. Trad. H. de Garcia. Rio de Janeiro: Nova Fronteira, 1971.

uma guinada completa na concepção geral que se pode ter em relação a essa questão e introduz uma frase surpreendente — que inclui certo matiz irônico e vai contra as ideias habituais no discurso corrente — quando afirma que a homossexualidade é o normal.

Essa proposição se sustenta a partir de duas perspectivas. A primeira consiste em abandonar a concepção — o que Freud já havia feito — de que a heterossexualidade é a norma; ademais, trata-se, tanto em Lacan quanto em Freud, de afirmar que a sexualidade sempre é sintomática. Então, em que sentido ele justifica que a homossexualidade é a norma? Refere-se, aqui, à sexualidade unicamente a partir da medida fálica, e daí propõe que a relação com o falo está mais bem resolvida para os homossexuais — no sentido de que, como ele diz em francês, os homossexuais *bandent mieux*, "armam melhor a barraca". Isto é, a ideia é que os homossexuais têm uma ereção melhor. *Mieux bander* é um modo vulgar de dizer "ter uma ereção melhor".

É um modo de indicar, em Lacan, que na homossexualidade masculina a condição erótica é a presença do falo do lado do parceiro, e é essa presença do falo que resolve, fazendo funcionar melhor a relação com o parceiro sexual, se a comparamos com os embaraços que são os do neurótico em relação ao falo. Pode-se supor que a fórmula que sustenta que a homossexualidade é a norma é válida na medida em que, na homossexualidade, o sujeito não deve fazer frente à falta. É suficiente para o sujeito o sustentáculo imaginário, e a relação com o parceiro sexual encontra seu ponto de apoio numa identificação imaginária. No nível do desejo, Lacan sustenta que o perverso está identificado com a forma imaginária do falo. Não há necessidade, nesse caso, de ter de recorrer a uma mobilização do desejo no instante do encontro sexual. Talvez isso explique que, na homossexualidade, os imbróglios do sexo sejam relativamente menos embaraçosos que na heterossexualidade.

E a segunda pergunta que surge em relação à homossexualidade é quanto à sua relação com as fórmulas da sexuação. Pelo menos a homossexualidade masculina se situa, nas fórmulas da sexuação, do lado do homem. Isso escreve, portanto, que o sujeito está do lado da posição masculina e o objeto de satisfação, o parceiro sexual — no caso do homossexual —, está do mesmo lado; isto é, não está como a flecha que Lacan estabelece no seminário *Mais, ainda*, em que ele põe uma flecha no lado masculino em relação com o outro lado, colocando nesse outro lado o objeto *a*. O outro — ou seja, o parceiro do homossexual — não está em posição de objeto *a*, mas sim numa posição de simetria fálica; nesse sentido, seria mais normal, porque é uma posição que protege mais do heterogêneo, protege mais do encontro com o diferente. Isso não implica que, para um homossexual, seu parceiro não funcione como objeto *a*, isto é, como causa de desejo. Isso indica simplesmente que, na opção de gozo, o sujeito elege um parceiro que se situa, como ele, do lado fálico da sexuação. Isso não exclui que, em certos casos, um sujeito homossexual ocupe o lugar correspondente a uma mulher nas fórmulas da sexuação. O que se indica, sobretudo, é a afinidade, na homossexualidade masculina, a se identificar com o falo e a eleger o parceiro fálico — o que determina a modalidade de gozo do sujeito.

A formulação de um analisante é, nesse sentido, exemplar, já que ele não só está em sintonia com as suas práticas homossexuais, mas também afirma de um modo irônico que não entende como os outros homens puderam fazer uma escolha erótica que os leva a desejar a heterossexualidade. Ele diz isso nos seguintes termos: "eu não entendo, de jeito nenhum, os heterossexuais; por que ir atrás de complicação, se é tão fácil assim desejar um homem". E acrescenta a pergunta: "o que é que se procura com a heterossexualidade, a não ser os problemas que surgem de enfrentar os caprichos do desejo do outro?".

Cumpre levar em conta, aqui, o fundo da questão. Para Lacan, o falo é condição erótica, no sentido de suscitar o desejo sexual. Ao mesmo tempo, e ainda que pareça paradoxal, o que causa o desejo funciona também como obstáculo. O falo é, então, uma mediação para acessar o parceiro sexual e, ao mesmo tempo, um obstáculo que limita o acesso ao gozo do corpo do outro. Considerando que a homossexualidade é a norma, o que Lacan está afirmando é uma relação particular com o falo no caso da homossexualidade — uma relação na qual este é condição, mas não limite. Ao confrontar essa afirmação com os testemunhos clínicos de sujeitos homossexuais, pode-se constatar que ela é legítima. A dimensão da queixa sobre a insatisfação sexual não está tão em primeiro plano; e ainda que também seja possível recolher testemunhos sobre inibições e sintomas relativos à esfera sexual, a dimensão dos acidentes de ereção — e isso é um fato clínico — mostram-se menos presentes. Isso se explica pelo fato de que a condição erótica, a presença do órgão sexual no parceiro sexual elevado à categoria de falo, funciona de um modo mais consistente do que quando é o caso de um significante no outro que é elevado à categoria de falo. Pode-se concluir que o significante como falo é mais suscetível a incidentes que o órgão como falo.

Não é para fazer disso uma generalização, no entanto, já que Lacan também não se referiu à homossexualidade, em nenhum momento, como sendo uma entidade clínica. A homossexualidade é variada e, portanto, os fenômenos relativos à vida sexual são múltiplos.

Portanto Lacan evoca, como indiquei, a questão que o leva a rejeitar a sua própria tese da homossexualidade em Gide. É preciso ler o diário de Gide, bem como textos autobiográficos sobre ele que vão confirmar a tese de Lacan. Encontra-se, assim, uma perspectiva que iria no sentido da homossexualidade quando Gide, referindo-se a suas experiências infantis e adolescentes, afirma de modo claro: "minha incuriosidade pelo outro sexo é total". Ao mesmo tempo, acrescentou — de um modo que relativiza a atribuição da categoria "homossexual" em seu caso — que "tinha repugnância tanto pelas mulheres quanto pelos homens", e concluiu: "eu sou só uma criança que se diverte". A alusão, se se lê todo o contexto, era ao fato de que a única coisa que lhe interessava era a masturbação. Decerto, se acompanhamos a sua biografia, aparecem elementos nítidos de uma masturbação infantil compulsiva e um interesse sexual na idade adulta que se localiza primordialmente em meninos, levando-o inclusive a preconizar a introdução de práticas sexuais com eles — o que, por outro lado, não impediu o encontro com o amor e o desejo por um homem, algo que vai lhe acontecer muito mais tarde na vida.

Diante dos tormentos que o compelem a justificar sua orientação sexual, afirma também que "a sodomia me causa horror"; inclusive, chega a ser mais preciso ao detalhar seu modo de gozo: "o único modo que eu obtenho prazer é no cara a cara, de um modo recíproco e sem violência; o mais ínfimo contato me satisfaz"[9]. É evidente que não faltam indícios para caracterizar

---

[9]GIDE, A. (1996) *Le journal*, t. 1 [1887-1925]. Paris: Bibliothèque de La Pleiade; GIDE, A. (1997) *Le journal*, t. 2 [1926-1950]. Paris: Bibliothèque de la Pléiade.

o caso Gide como um caso de masturbação. Trata-se, em sua essência, de uma masturbação infantil que se prolongou na vida adulta com, acima de tudo, uma masturbação com outros homens. Portanto, a homossexualidade em Gide, se é que existiu, não constitui a essência de sua posição em relação ao sexo. Retomarei o ponto mais tarde, frisando como Lacan se refere à função da masturbação em Gide.

De fato, essa questão da masturbação é tão presente que Gide conta que, quando tinha um encontro de masturbação com um homem, ao terminar, ele voltava para casa para continuar se masturbando. Gide manteve sempre a necessidade de forjar teorias que justificassem a sua relação com a sexualidade, o que se traduziu na concepção de que é melhor que uma criança seja introduzida nas questões da sexualidade por outro homem. Aqui a tendência é para a pederastia, que ele chegou inclusive a reivindicar, propondo uma teoria segundo a qual "a pederastia é normal porque existe desde o início da humanidade". Vê-se, então, como, de um modo recorrente, há um esforço em demostrar a normalidade.

É interessante ressaltar o episódio do encontro de Gide com a psicanálise. Consultou-se com Sokolnicka, analista polonesa instalada em Paris naquela época. Tratou-se de uma análise que começou e que rapidamente se deteve, à qual Lacan faz referência. Lacan é categórico: Sokolnicka não estava à altura de Gide. Ou seja, Lacan não propôs que Gide era inanalisável, mas sustentou que, se ele não pôde ir além de um balbuciamento na análise, foi devido aos limites da analista. Isso quer dizer que ele colocou a falta do lado da analista, frisando inclusive a razão, ao indicar que a análise se efetuou — segundo a sua fórmula — na forma "dita da sublimação". Dito de outro modo, a análise não introduziu Gide naquilo que constitui o núcleo do seu ser, que é a relação com o próprio gozo. Que Lacan frise que a análise centrou-se na sublimação é um modo de dizer que a análise não teve um efeito sobre o real; e, portanto, não teve nenhum efeito no que se refere ao tratamento do gozo do sujeito.

É central, a partir dessa perspectiva, aperceber-se de que o seminário no qual Lacan aborda de modo frontal a perversão — isto é, *De um outro ao Outro* — é o seminário no qual ele faz do gozo a substância da qual se fala em psicanálise. A questão é crucial no que se refere à clínica analítica: como uma prática de palavra pode afetar o gozo, que é sempre relativo ao corpo. A questão adquire ainda mais importância quanto à perversão, já que o risco — como os analistas perceberam — é que o trata-mento constitua uma exibição de gozo. Que Lacan centre a expe-riência analítica em torno do tratamento do gozo é algo que se percebe na abordagem de Gide e na diferença fundamental que ele percebeu em relação a Joyce. Lacan se serviu desse último em seu texto *Lituraterra*[10] para demostrar que ele não teria ganhado nada com a análise, visto que chegou do modo mais direto pos-sível àquilo que uma análise pode conduzir quando é levada a seu termo. Foi um modo de dizer que Joyce não teria se bene-ficiado da análise, já que encontrou — espontaneamente e sem recorrer à transferência — o caminho mais direto para resolver os seus impasses. Joyce, sem passar pela análise, encontrou um método para o tratamento do gozo através do gozo da letra.

Expondo os limites de Sokolnicka, Lacan sugere que Gide, contrariamente a Joyce, teria podido se beneficiar de uma

---

[10]LACAN, J. (1971) Lituraterra. *In*: LACAN, J. *Outros escritos*. Trad. V. Ribeiro. Rio de Janeiro: Editora Zahar, 2003, pp. 15-25.

análise se ela tivesse sido corretamente conduzida. Sem dúvida a diferença entre Joyce e Gide reside no fato de que foi preciso que Gide realizasse um amplo percurso para poder compensar o impasse de seu desejo, mas sobretudo de que a solução de Gide — que passa pela letra e que implica um gozo — deixa fora dela, contudo, o gozo íntimo do sujeito.

Resta a questão — que é, na realidade, uma pergunta fictícia — de saber o que teria acontecido se Gide tivesse encontrado, em vez de Sokolnicka, um analista que — retomando os termos de Lacan — estivesse à altura. É claro que isso é entrar em conjeturas, mas pode-se deduzir, da sugestão de Lacan, que Gide teria podido retirar um benefício no que se refere à sua relação com a escritura. Talvez sua escrita tivesse mudado. Em contrapartida, é certo que, em Joyce, uma análise não teria contribuído com nada quanto ao modo de tratar a letra.

Joyce conseguiu fixar o programa que compensou a forclusão, de fato, em sua estrutura. Não só com a escrita, mas também com a meta que fixou para si, e que se converteu numa incrível predição: que três séculos de universitários se ocupem da sua obra. Joyce fixou para si esse plano, e dele não se desviou. Com isso resolveu a carência na identidade, efeito da carência paterna. Gide precisou de um trabalho contínuo da letra, associado a um incessante recomeçar em relação ao sexo, como barreira de proteção diante da presença da morte que o acompanhou como a sua sombra por toda a vida.

Ora, por que insistimos até aqui na função da masturbação em seu caso? Porque é assim que se pode entender esta frase de Lacan no texto sobre Gide, em que ele apresenta uma fórmula que permite captar o que é o ser de Gide, isto é, quem é Gide e, sobretudo, qual é o ponto fundamental de enodamento entre o seu desejo e o seu gozo.

A frase pode parecer enigmática a princípio; ela fica menos quando são levadas em conta as coordenadas biográficas de Gide e as coordenadas teóricas de Lacan. Lacan afirma que "o menino Gide" está "entre a morte e o erotismo masturbatório"[11].

O que é preciso entender — e aqui ele retomou a questão das razões da publicação do texto sobre Gide — é que a primeira abordagem de Lacan sobre ele guarda relação com a causalidade; logo, com a causa da particularidade de enodamento entre o desejo e o gozo. A causa que Lacan aventa num primeiro nível relaciona-se com o amor único da mãe, o qual se deve entender na dupla vertente em que, para a mãe, o seu único amor era Gide — o qual tem a sua participação em fazer dela uma "santa mulher" —; e, para Gide, o seu único amor era a mãe. Propõe-se, então, de imediato, a reciprocidade do amor que não deixa nenhum lugar à falta.

Destacam-se no caso Gide, portanto, as consequências do amor materno quando ele não se associa à dimensão de um desejo. Dito de outro modo, Lacan, após debater — em *De uma questão preliminar a todo tratamento possível da psicose* — a incidência do desejo materno quanto à psicose, introduz em seu texto sobre Gide, publicado apenas três meses depois, um caso no qual se trata da ausência de desejo no casal parental; ausência de desejo materno, mas presença de um modo eminente do amor materno. Nesse sentido, cabe distinguir o caso Gide das coordenadas que Lacan fixou quanto à causalidade psicótica. Isso porque, visto de uma primeira perspectiva, as coordenadas que presidem a vinda de Gide ao mundo podem corresponder às de um caso de psicose.

---

[11]LACAN, J. (1958) Juventude de Gide ou a letra e o desejo *In*: LACAN, J. (1966) *Escritos*. Rio de Janeiro: Jorge Zahar Ed., 1998, p. 764. (N. de T.)

Seguindo com Gide, Lacan introduz um segundo nível de complexidade em relação à questão causal, visto que, para além da causa materna, ele faz referência à incidência do desejo das mulheres no sujeito. É assim que Lacan, de um modo não menos enigmático, se refere ao entorno feminino em seu caso como "o fatídico trio de feiticeiras"[12] — trio que diz respeito à mãe de Gide, à sua tia e à sua prima. Aquilo a que ele se refere é à onipresença de duas gerações de mães. Fala-se com frequência que é preciso três gerações para fazer um sujeito psicótico. Lacan, no seminário *A transferência*, menciona de um modo simétrico e lógico que é preciso três gerações para produzir um desejo que seja *achevé*, consumado, no sentido de um desejo que não seja instável[13]. Deduz-se, seguindo ambas as referências, que a questão do desejo de que foram munidas as gerações precedentes é primordial para um sujeito. Nessa perspectiva se poderia aventar — caso se exagere o traço da incidência materna nesse caso — que é preciso duas gerações de mães para criar um sujeito que tenha características como as de Gide.

O tema das duas gerações não é novo em Lacan, já que ele havia se referido ao desdobramento materno em Hans[14], entre a sua mãe e a mãe do pai. Para Gide o desdobramento materno se produz de outro modo e tem outras consequências. Deve-se entender como consequência fundamental o fato de que se

[12]LACAN, J. (1958) Juventude de Gide ou a letra e o desejo *In*: LACAN, J. (1966) *Escritos*. Rio de Janeiro: Jorge Zahar Ed., 1998, p. 775. (N. de T.)

[13]LACAN, J. (1960-1961) *O seminário, livro 8: A transferência* [1960-61]. Trad. D. D. Estrada. Rio de Janeiro: Editora Zahar, 1992, pp. 289-290 — onde se optou por traduzir "*achevé*" (p. 289) por "acabado". (N. de T.)

[14]FREUD, S. (1909) Análise da fobia de um garoto de cinco anos. In: FREUD, S. *Obras completas*, vol. 8: "O delírio e os sonhos na *Gradiva*, Análise da fobia de um garoto de cinco anos". Trad. P. C. de Souza. São Paulo: Companhia das Letras, 2015.

trata de um sujeito que ama as mulheres, mas não as deseja. Cumpre relativizar, no entanto, a causa materna em Gide, já que há elementos que devem ser levados em consideração no que se refere à causalidade e que dependem do pai.

Na mesma perspectiva que a causalidade materna na perversão, Lacan retoma uma ideia que ele extrai do livro de Jean Delay, que afirma que Gide ilustra o caso de alguém que viveu num *parc maternel*, num parque materno — o que remete a um ambiente maternal[15]. Lacan vai mais longe, inclusive, já que a ideia é mais precisa quando ele afirma que "as mulheres fizeram dessa família um *fief*"[16], que é algo como um lugar próprio muito bem delimitado. A expressão "um *fief* [feudo]" — que remete, historicamente, à posse de um território por parte de um nobre, que o vassalo pode possuir mediante uma retribuição — remete, na linguagem corrente atual, a um território bem preciso com uma forma de vida bem delimitada no interior dele próprio.

Pode-se dizer que as mulheres que precederam Gide em sua existência fizeram dessa família um território religioso e um parque de maternagem moral no qual ditaram as suas regras. Ou seja, que se constata novamente que a posição do entorno materno está intimamente ligada à questão de uma moral que exclui a questão do desejo e do gozo — o oposto, por exemplo, da causalidade neurótica evidenciada de um modo claro, se acompanhamos o caso Hans e as vicissitudes de sua mãe. Caso sigamos a perspectiva causal do caso Gide, não se pode omitir a dimensão da ausência de desejo entre os pais, o qual fica plasmado numa série de frases que dão uma perspectiva precisa da

---

[15]LACAN, J. (1958) Juventude de Gide ou a letra e o desejo *In*: LACAN, J. (1966) *Escritos*. Rio de Janeiro: Jorge Zahar Ed., 1998, p. 756. (N. de T.)
[16]*Idem.* (N. de T.)

LACAN COM GIDE

questão — já que, para além da realidade, refletem o modo como Gide captou a questão do desejo, ou ainda a questão da falta de desejo que unia os seus pais. É assim que Gide faz referência ao pai, que se queixava de um profundo mal-estar em sua relação com a vida amorosa, sem fazer menção a um momento no qual isso foi diferente. Se a isso se agrega a ausência de observações da mãe quanto ao desejo pelo marido, pode-se concluir — ao menos a partir da percepção de Gide — que, entre os pais, não existia desejo algum.

O parque materno não ter dado indícios de uma abertura para o exterior também é algo que a reciprocidade quanto ao luto que se seguiu à morte do pai de Gide revela. Nas notas inéditas de *Si le grain ne meurt* [Se o grão *não morre]*[17], citadas por Jean Delay em seu primeiro tomo, aparece a ideia de que a tristeza invadiu Gide quando ele viu a mãe de luto. Então Jean Delay cita Gide em relação à sua mãe: "Senti-me envolvido por esse amor, que dali em diante se fechava sobre mim".

Que essa relação se traduza numa ausência de desejo no sujeito é algo que a biografia expõe em abundância. As indicações são várias e convergentes. Elas giram todas em torno do impossível recurso ao desejo. Seja no que se refere à experiência subjetiva do vazio durante a infância em Gide e ao modo em que este se completa, isto é, com monstros; seja com o que ele chama, em seu *Diário*, de "o constante vagar do desejo", "igual aptidão para os contrários", "indecisão apaixonada do meu ser". Gide evoca igualmente o fato de se sentir desamparado, a confusão ou a invencível timidez para dar conta do seu vazio. Relata, de fato, a angústia indefinida que surge quando ele, criança, se

---

[17]GIDE, A. (1924) *Si le grain ne meurt.* Paris: Gallimard (Folio), 1972.

inteira da morte do primo Émile, que só havia visto duas ou três vezes. É a esse primeiro instante de angústia indefinida que ele vai dar o nome de *Schaudern*[18], e que consiste em estranhos sobressaltos que sacodem sua letargia e abalam o seu ser — ou, como ele mesmo define seu ser nesses momentos, o "estado larval no qual eu me arrastava". Gide narra a experiência de dois *Schaudern*. O primeiro é logo após a morte do primo. O segundo, pouco depois da morte do pai, quando — atravessado por uma angústia intransmissível — ele diz, em prantos: "não sou como os outros".

A infância de Gide está marcada por momentos de desassossego, de tristeza, numa posição à margem da vida social e nos quais o que prima é o ócio e a falta de rumo.

Ora, se toda essa descrição é compatível com uma ausência de desejo, não se pode afirmar de um modo radical, no caso Gide, uma ausência completa do desejo. A pergunta se impõe: de onde provém, no seu caso, o desejo? Tal como Delay deduz e Lacan confirma, é a tia quem o introduz. Lacan ressalta isso de um modo significativo, utilizando — em relação a Mathilde, a tia — a fórmula *immixtion du désir*, que seria a ingerência ou a interferência do desejo. A ideia de um desejo que faz sua ingerência vindo do Outro e, num momento preciso da vida, faz supor que previamente o sujeito não dispunha de um desejo; ou, se dispunha, ele tinha uma característica bastante especial. Não se pode, com efeito, afirmar uma exclusão de desejo em Gide, mais sim uma carência de desejo e a sua emergência, de modo patente, num instante preciso. Esse instante corresponde à cena na qual a tia, em seu papel de sedutora, introduz

[18]Do alemão, "estremecimentos". (N. de T.)

LACAN COM GIDE

o desejo; e Lacan acrescenta: "através disso, no imaginário, ele se torna o filho desejado"[19]. Lacan reitera, nessa ocasião, o que originalmente faltou a esse sujeito, a saber: o desejo do Outro.

Mas por que Lacan acrescenta "no imaginário" senão para apontar uma distinção entre um desejo que provém do simbólico e um desejo que se produz como um efeito no imaginário? Trata-se, com efeito, da distinção entre um desejo efeito da metáfora paterna e um desejo que advém no imaginário. Gide acessar o imaginário é o que se traduz em efeitos de graça. Lacan retoma o escritor François Mauriac, que, com base numa foto da infância de Gide, referiu-se a ele qualificando-o como alguém sem graça. Segundo Lacan, o acesso ao desejo pela via imaginária foi o que permitiu que adviesse em Gide um pouco de graça. Nessa mesma direção — a saber, a de que o desejo foi introduzido por sua tia, e não pela sua mãe —, contamos com as próprias palavras de Gide. De sua mãe ele diz que era respeitável, mas não desejável; predestinada aos deveres austeros. A descrição é, com efeito, de uma mãe pouco graciosa e pouco propícia aos pretendentes amorosos, fosse antes do casamento ou depois da morte do marido.

Portanto, Gide não fora acolhido pelo desejo do Outro, e foi essa ausência de desejo que fez com que, quando este se manifestou de fora, isso tenha se dado como ingerência — o que remete ao caráter brutal do efeito do desejo do Outro.

Isso se produz com uma cena bem precisa. Gide já era adolescente e sua tia, numa tentativa de sedução, quis pegar-lhe a mão e colocar entre os seios. Mathilde, sua tia, começou chamando a

---

[19]LACAN, J. (1958) Juventude de Gide ou a letra e o desejo In: LACAN, J. (1966) *Escritos*. Rio de Janeiro: Jorge Zahar Ed., 1998, p. 765. (N. de T.)

atenção dele com o vestido bastante aberto; daí botou as mãos dele em seus seios, para então deslizá-las, através do decote, entre o vestido e o corpo. A reação dele foi sem demora, já que fugiu apavorado. Foi isso que Lacan chamou de ingerência, isto é, aquilo de que se trata é a intrusão do desejo sexual da tia. Lacan se refere também a essa cena utilizando o termo "estrago".

Caberia fazer uma distinção fundamental entre o caso Hans e o caso Gide. Em Hans há um momento preciso da emergência de um gozo percebido como estranho e, portanto, como anômalo, e que corresponde à excitação sexual diante da mãe. A emergência de gozo, nesse caso, é concomitante à interrogação em relação ao desejo do outro. Nesse sentido, a conjunção entre o desejo do Outro e o gozo no corpo do sujeito produz uma marca traumática que dará lugar, mais tarde, à formação de um sintoma. Em Gide, pelo contrário, trata-se da emergência de um gozo estranho na ação da tia; gozo que, no entanto, não produz uma marca traumática, já que falta a constituição de um enigma em relação ao desejo do Outro — o qual é patente no caso do pequeno Hans. Isso é o que explica que a sequência em Hans seja a emergência da angústia em relação ao desejo do Outro, e então a produção do sintoma, ao passo que em Gide a sequência é a de uma reação imediata: fugir apavorado, como efeito do encontro com um vazio, sem sequer interrogar-se sobre o desejo do Outro — o qual não deixa a possibilidade de uma inscrição ao redor da cena. A única coisa que resta é a fuga. Em lugar do trauma, pode-se fazer menção, em Gide, à dimensão de um estrago. Um estrago que corresponde ao encontro de um gozo feminino que não é mediado por um desejo.

Em resumo, trata-se, nesse caso, da irrupção de um desejo que não é do sujeito e que se presentifica sem nenhum tipo de

LACAN COM GIDE

conexão com uma lei. Se Lacan o qualifica como "estrago", é na medida em que comporta uma irrupção de um gozo. O que estava em jogo era o gozo da tia, por isso que o efeito é de estrago em relação a Gide.

Seria então possível afirmar, a partir desse episódio — mas creio também que se possa generalizar —, que, para que haja estrago tem de haver uma interferência, algo que faz uma entrada para a qual o sujeito não está preparado, que é uma entrada de gozo sem que o sujeito disponha de algum meio simbólico para dar conta da situação.

A distinção entre trauma e estrago é, portanto, decisiva. Para que haja trauma tem de haver, ao mesmo tempo, uma dimensão simbólica. Há duas elaborações de Lacan em relação ao trauma. Uma primeira, que permite definir o trauma como uma irrupção de gozo. É o que se deduz do seminário *Os quatro conceitos fundamentais da psicanálise*[20], no qual o trauma é posto em conexão com o encontro com o real. Posteriormente, Lacan revisa essa posição; e, para situá-lo, coloca-o em conexão com o sintoma, isto é: do ponto de vista psicanalítico, a teoria do trauma tem como condição a produção de uma conversão que vai da experiência de gozo à constituição de um sintoma. Seria possível definir o estrago, por oposição, como aquela irrupção de gozo que vem do Outro sem a mediação de um desejo.

É o que ocorre com Gide na cena com a tia, o que se evidencia com o fato de que não houve constituição de um sintoma. A condição do trauma reside, portanto, em seu efeito como marca no corpo. O trauma localiza um gozo no corpo, transforma-o

---

[20]LACAN, J. (1964) *O seminário, livro 11: Os quatro conceitos fundamentais da psicanálise*, 2ª ed. Trad. M.D. Magno. Rio de Janeiro: Editora Zahar, 1985.

conferindo-lhe um valor erótico especial. O estrago, pelo contrário, não deixa nenhuma marca da experiência, é somente uma experiência de gozo. A coerência da elaboração de Lacan se faz patente nesse caso. Para que a experiência da tia deixasse uma marca no sujeito, teria sido necessária uma marca prévia, a da conjunção do gozo do corpo com o desejo em relação à mãe.

É claro que o fato de que a mãe de Gide tenha sido a mãe do amor não significa que ele tenha ficado completamente excluído do desejo. Entretanto, a modalidade de transmissão do desejo não lhe permite o acesso a uma dimensão fálica. E isso será determinante para que, na cena da tia, o desejo dessa não tenha efeitos benéficos para ele. É por isso que Lacan utiliza, em relação à referida cena, a expressão "incidência negativa" do desejo[21]. O desejo, portanto, pode ter uma incidência positiva ou negativa. O caso Gide é exemplar em demostrar que, quando uma mãe está centrada unicamente na dimensão do amor, ela deixa o sujeito numa posição de suspensão, posição na qual ele ficará suscetível a experimentar a incidência negativa em relação ao desejo.

A fórmula de Lacan — "através disso, no imaginário, ele se torna o filho desejado" — permite, portanto, deduzir que a incidência positiva ou negativa do desejo é correlata do fato de que o filho foi desejado, respectivamente, no simbólico ou no imaginário. Pode-se inclusive afirmar que um filho desejado no imaginário é aquele no qual o desejo é suscetível a exercer ulteriormente uma incidência negativa. Resulta decisivo afirmar, portanto, que tornar-se o filho desejado no simbólico não é o mesmo que no imaginário. Torna-se desejado no simbólico caso a operação da

---

[21]765. (N. de T.)

metáfora paterna permita. Lacan sustenta que em Gide, por um lado, ser desejado foi algo que faltou; e, por outro, que o desejo só deixou a sua incidência negativa. Deduz-se, portanto, que o que faltou não foi o desejo como tal, mas sim a sua incidência positiva. Qual seria a incidência positiva do desejo? Aquela que permite que a criança assuma uma posição como sujeito desejante. A falta dela será compensada imaginariamente.

Duas posições opõem-se para Gide: de um lado, a mãe — que guarda relação com o amor, mas é desprovida de desejo e está autoexcluída do gozo —; do outro, a tia — disponível para mobilizar o desejo, mas um desejo que é fora da lei. É de fato o que motiva a profunda amargura da filha dela, Madeleine, que André Gide tomará como esposa. Enquanto Mathilde não esconde o modo como engana o marido com outros homens — nem sequer se preocupa em ocultar o modo como exibe a sedução —, Madeleine, sua filha, apaga de si toda e qualquer marca de relação com o desejo sexual. Percebe-se que a oposição entre a mãe de Gide e a tia Mathilde se redobra noutra oposição, a de Mathilde e Madeleine. Ambas as oposições serão decisivas para Gide. Retornemos à primeira, entre a mãe e a tia, que se traduz até no modo como ambas se vestiam.

Isso adquire importância na relação que uma e outra têm com a cor, o que tem uma incidência em Gide — que narra isso especialmente a partir de dois episódios. O primeiro é o da morte do pai. Após sua morte, a mãe de Gide optou pelo luto permanente — isto é, sempre vestida de preto —, enquanto que a tia, a partir de dado momento, começou a reintroduzir cores em sua indumentária; isso, para a mãe de Gide, foi insuportável, a ponto de ela repetir diante de Gide que não era possível alguém ainda estar de luto e usar roupas coloridas.

Mas a mãe não só havia sido a mulher de preto, de preto ela tinha de continuar. Isso fica explícito quando ela troca uma fita com a qual enfeitava o corpo, colocando, no lugar de uma fita negra, uma de cor violeta. Gide se precipita para lhe pedir que volte ao preto. O instante é suficientemente importante para que faça referência a ele em *A porta estreita*; e, ao evocar o episódio, escreve: "Mamãe — exclamei — como essa cor fica feia em você!"[22]. E inclusive adiante, no mesmo romance, em que a tia Bucolin é uma referência a Mathilde: "A imagem de minha tia Bucolin de preto é para mim tão inconcebível como a de minha mãe com roupas claras"[23]. Ou inclusive quando evoca as cores da echarpe da tia: "mais do que na cor viva das echarpes com que tia Lucile cobria a nudez dos ombros, estava nos decotes ousados a razão do escândalo de mamãe"[24].

A referência à cor como ligada ao sexo não concerne, no entanto, unicamente à oposição entre a mãe e a tia. Por outro lado, a referência ao branco como símbolo do amor sagrado atravessa a obra de Gide. Basta citar um exemplo quando, em *A porta estreita*, ele evoca a relação com um pastor e imagina esse momento como sendo de uma grande alegria "mística"; Gide o recorda com um sentimento preciso: "os dois seguíamos, vestidos com a veste branca de que nos fala o Apocalipse, de mãos dadas e olhando para o mesmo ponto".

Por fim, Lacan levou tão seriamente em conta a oposição, em Gide, entre o preto (como ligado à morte) e a cor (como ligada ao sexo), que se fez a estranha pergunta de saber o que

---

[22]GIDE, A. (1909) *A porta estreita*. Trad. R. C. de Lacerda. Rio de Janeiro: Nova Fronteira, 1984, p. 12.
[23]*Ibid.*, p. 14.
[24]*Ibid.*, p. 15.

LACAN COM GIDE

teria ocorrido se Gide tivesse se encontrado em Madeleine, uma mulher que teria reanimado a cor do sexo, como Mathilde o havia reanimado.

A pergunta é estranha, já que supõe que, se Madeleine tivesse sido como Mathilde, talvez a relação de Gide com Madeleine tivesse sido diferente. Isso é surpreendente na medida em que o encontro decisivo entre Gide e Madeleine acontece aos 15 anos de idade, quando as coordenadas sexuais do sujeito já haviam sido determinadas como efeito das experiências infantis. Se Gide encontrou em Madeleine a mulher da sua vida, é porque ela era o reflexo perfeito daquilo que foi a relação de Gide com a mãe. Dito de outro modo, o programa inconsciente de Gide não lhe deixou outra abertura para a mulher, a não ser o encontro com a mulher fora do sexo. Lacan formula que Gide não pode fazer outra coisa além de reproduzir a abnegação do gozo da mãe e o envoltório do seu amor. E se ele retém a citação de Delay, "o amor embalsamado"[25], é para indicar o máximo de amor e, ao mesmo tempo, um amor morto. Ademais, quando Lacan retoma a incidência negativa do desejo da tia, utiliza outra fórmula: "o encanto mortífero"[26]. Isso nos indica que a "interferência do desejo", por parte da tia, longe de abrir caminho para um possível encontro com uma mulher, é justamente o contrário: um desejo que fica abortado desde a origem e que o encontro com Madeleine, "rígida feito gelo", não pôde reanimar. Na realidade, o que Lacan está indicando é que Madeleine tinha, ela mesma, uma relação com a moral e com a renúncia ao gozo; relação que a colocava exatamente, para Gide, numa posição idêntica

---

[25]LACAN, J. (1958) Juventude de Gide ou a letra e o desejo *In*: LACAN, J. (1966) *Escritos*. Rio de Janeiro: Jorge Zahar Ed., 1998, p. 765. (N. de T.)
[26]*Ibid.*, p. 766. (N. de T.)

| 124 |

A PERVERSÃO E A PSICANÁLISE

à relação que havia tido com sua mãe. Quer dizer que, com Madeleine, também foi o encontro com a morte do desejo, já que nada do desejo em Gide pôde ser reanimado.

Poderíamos dizer que a mãe de Gide não lhe abre a porta para o encontro sexual com uma mulher. Essa ideia já está presente em Lacan desde os primeiros seminários, dos quais se deduz a ideia de que uma mãe pode despojar o filho de sua virilidade. A ideia já está presente em Freud, inclusive, com o caso de Leonardo da Vinci[27] — que Lacan retoma em *A relação de objeto*[28], relacionando-o ao caso Hans. Afinal, a essência do caso Hans é que a resolução da fobia leva em conta um atravessamento especial do Édipo, pois o que o possibilita é a identificação do sujeito com o desejo da mãe.

Notemos que Lacan frisa o valor do desdobramento materno nesse caso, entre a versão da mãe e a versão da mãe do pai. Em Gide, a oposição entre a mãe e a tia também dá lugar, simultaneamente, a um desdobramento e a uma identificação feminina — diferente, porém, da de Hans. Gide se identifica, em relação ao sexo, com a tia, que lega ao sujeito a marca do gosto pela clandestinidade. Tal como a tia e a sua pele escura, assim também serão os homens sobre os quais recairá o seu desejo. De sua mãe, no entanto, ele extrai uma identificação que dará lugar a uma modalidade no amor. Isso é evidente no modo de amar Madeleine.

Voltando a Leonardo da Vinci e à leitura do *Uma recordação de infância* de Freud, entremos na análise que este fez da pintura

---

[27]FREUD, S. (1910) Uma recordação de infância de Leonardo da Vinci. *In*: FREUD, S. *Obras completas*, vol. 9: Observações sobre um caso de neurose obsessiva (O homem dos ratos), Uma recordação de infância de Leonardo da Vinci e outros textos. Trad. P. C. de Souza. São Paulo: Companhia das Letras, 2013, p. 113-219.
[28]LACAN, J. (1956-1957) *O seminário, livro 4: A relação de objeto*. Trad. D. D. Estrada. Rio de Janeiro: Editora Zahar, 1995

"Sant'Ana" e de Leonardo. O eixo da análise de Freud é a onipresença materna para Leonardo, a ponto de a análise da lembrança encobridora do abutre batendo a cauda entre os lábios de Leonardo não ser nada além da identificação do abutre à intrusão materna. A questão essencial é que Freud, em 1910, através de Leonardo, está interessado na mãe fálica; e Lacan extrai a dimensão fundamental do falo como intermediário entre os sexos.

Sintetizemos aqui o que Lacan nos indica da elaboração de Freud em relação ao desenho de "Sant'Ana". Em primeiro lugar, a confusão de corpos entre a Santa e a Virgem; em segundo lugar, no desenho o braço da criança prolonga o corpo da mãe através da posição do braço desta. Mas o que para Lacan é ainda mais fundamental é, de um lado, o desdobramento entre a mãe real e a mãe imaginária; do outro, a função do dedo indicador levantado e apontando um horizonte longínquo — como nos quadros de São João Batista e de Baco; como o anjo da Virgem das Rochas —, isto é, o fato de que o tema do dedo indicador levantado, como aponta Lacan, atravessa a obra de Leonardo da Vinci e constitui um de seus enigmas. É uma cena crucial que justifica um parêntese, visto que Lacan vai dar duas interpretações que se articulam uma com a outra; as suas diferenças testemunham a progressão teórica de Lacan. É assim que, num primeiro momento, aquilo de que se trata para Lacan é que isso evidencia a dimensão da falta-a-ser. Num segundo — quer dizer, no ano seguinte —, Lacan retoma a interpretação do quadro de São João, de Leonardo, em *A direção do tratamento e os princípios de seu poder*[29], para ilustrar a virtude

---

[29]LACAN, J. (1958) A direção do tratamento e os princípios de seu poder *In*: LACAN, J. (1966) *Escritos*. Rio de Janeiro: Jorge Zahar Ed., 1998, p. 591-652.

A PERVERSÃO E A PSICANÁLISE

alusiva da interpretação. Dessa vez não é para frisar a falta-a-ser, mas sim aquilo que Lacan designa como a "horizonte desabitado do ser"[30]. Isto é, a partir da mesma referência ele dá um passo a mais, já que a falta-a-ser sugere a possibilidade de que ela seja resolvida. O "horizonte desabitado do ser", em conexão com a interpretação analítica, remete ao alvo da interpretação, isto é, ao ponto que se trata de acessar, ao íntimo do ser, seu real. Da falta-a-ser — que é da ordem do simbólico — ao "horizonte desabitado do ser", Lacan dá um passo a mais na clínica analítica, já que põe como perspectiva o acesso ao núcleo de real do sujeito.

Constata-se, então — se retomamos o desenho da Sant'Ana de Leonardo —, uma estrutura quaternária sobre a qual Lacan vai discorrer por meio de outro quadro, um quadro destinado à capela dos Servitas e que reproduz o tema de Sant'Ana, a Virgem, a criança e o cordeiro. O quarto termo encarna, segundo Lacan, a morte. Não se trata da morte enquanto pensar nela, e sim na sexualidade como morta para Leonardo, bem como da conexão que isso tem com a relação dele com a mãe.

A leitura do quadro é explícita: enquanto a mãe segura Leonardo para evitar que ele monte no cordeiro, Sant'Ana segura a mãe para impedi-la de obstaculizar o destino de Leonardo. A questão em jogo é a da separação de um filho em relação à sua mãe como condição ao acesso à sua própria sexualidade.

O tema da separação da mãe é fundamental também em Gide. Frisamos que a necessidade de perpetuá-la através do objeto de amor dá uma ideia de uma separação impossível da qual a sedução induzida pela tia não o extrai.

---

[30]*Ibid.*, p. 648. (N. de T.)

Disso se deduz que, para que haja estrago, tem de haver uma interferência, algo que faça uma entrada para qual o sujeito não esteja preparado, que é uma entrada de gozo sem que o sujeito disponha de meio simbólico para dar conta da situação. Descrevemos a dupla causalidade feminina em seu caso: o amor que encurrala e o desejo que deixa uma incidência negativa. As consequências de ambos verificam-se nas relações que Gide manterá na vida adulta.

Em primeiro lugar, com as mulheres. Antes de abordar esse ponto, retomo a questão da masturbação, já que há uma especificidade da masturbação em seu caso. Lacan aventa a noção de uma fantasia fundamental em relação à iniciação masturbatória à qual o sujeito procede, em primeiro lugar, de um modo frenético; mas sobretudo, e esse é o ponto essencial, trata-se de uma prática que está completamente fora da lei. Num primeiro nível, fora da lei, em seu caso, quer dizer não necessariamente na intimidade. Quando se acompanha o livro de Jean Delay, deve-se registrar a cena na qual Gide estava num eminente colégio de Paris e não via inconveniente algum em masturbar-se na frente dos colegas e professores, a ponto de terem de expulsá-lo de lá. O que parece claro é a ausência de uma dimensão constantemente presente na masturbação neurótica, que é uma masturbação que se conecta à culpa. Gide é indiferente à reação do Outro. A única coisa que o guia é a compulsão frenética que o impele ao ato masturbatório.

Ao mesmo tempo, não se trata de uma provocação dirigida ao outro, nem tampouco uma interpelação para que a lei intervenha. Dito de outro modo, não é um *acting out*. O que surpreende, então, é a tranquilidade com que ele o faz em qualquer lugar; e o que surpreende, também, é a ausência de limite. Deduz-se aqui que se trata de um gozo do órgão, mas que vai além do gozo fálico. O gozo fálico é um gozo pontuado, delimitado, que começa e que termina. O que constitui a tipicidade do gozo fálico é a tumescência e detumescência do órgão sexual masculino. É ele quem determina esse funcionamento cíclico. Em Gide, pelo contrário, há uma dimensão que vai noutro sentido, já que se trata, na masturbação, de um começo sem fim — daí o termo "frenético"; não apenas pela intensidade, mas também pela persistência no tempo. Poderíamos inclusive dizer que é um gozo sem a marca do falo. A marca do falo sobre o gozo é o que introduz a dimensão do desejo num sujeito. Em contrapartida, o oposto — um gozo sem limite — comporta, como único limite, a morte. Nesse sentido, o gozo masturbatório em Gide é um gozo infiltrado pela morte.

A ideia da morte à qual Lacan faz referência com a fórmula "o menino Gide, entre a morte e o erotismo masturbatório"[31] refere-se ao fato de que a morte, no seu caso, remete à ideia do absoluto, que é o oposto de uma masturbação com limites. Quando não há limites, a única coisa que resta é a busca pelo absoluto.

É o que explica, então, a conjunção da fórmula "morte" e "erotismo masturbatório": a masturbação é a prova da ausência de relação com o falo. Mais exatamente, em seu caso: se o falo não funciona, mas subjaz a atração por ele, aquilo de que se trata é de um falo morto, "embalsamado" — seguindo a expressão já evocada de Jean Delay, e que Lacan retoma em seu texto *A direção do tratamento e os princípios de seu poder*, colocando-o em conexão com o "falo perdido de Osíris embalsamado"[32].

---

[31]LACAN, J. (1958) Juventude de Gide ou a letra e o desejo *In*: LACAN, J. (1966) *Escritos*. Rio de Janeiro: Jorge Zahar Ed., 1998, p. 764. (N. de T.)
[32]LACAN, J. (1958) A direção do tratamento e os princípios de seu poder *In*: LACAN, J. (1966) *Escritos*. Rio de Janeiro: Jorge Zahar Ed., 1998, p. 636. (N. de T.)

O que seria o falo vívido? Seria uma relação com o falo em que a proibição deixa como contrapartida o acesso a uma autorização possível. Se Lacan, em relação a Gide, enuncia a marca de ferro da morte, é para mostrar que, nesse caso, produziu-se outra coisa que não a marca de um gozo proibido. Com efeito, essa última marca é um efeito de castração cuja consequência é orientar o desejo do sujeito em conexão com o falo. Na medida em que essa marca falha e a marca da morte se produz, não resta ao sujeito outra saída, a não ser orientar-se com um gozo que não inclui a dimensão da proibição. Gide conhece o seu prazer e isso é explícito no modo como ele o formula em seu diário, já que se vale exatamente de termos que indicam um saber sobre o gozo, dado que afirma: *"eu sempre soube o que me dava prazer"*.

A questão é que, se Gide é tomado como um exemplo por Lacan, é porque ilustra o oposto de um desejo neurótico; e aí reside, sem dúvida, a razão pela qual ele publica esse seu texto dos *Escritos* dedicado a este autor. Trata-se de demostrar um caso no qual não se evidencia o desejo neurótico, e é o que ele sustenta seguindo os termos do seminário *O desejo e sua interpretação*: que "o próprio do perverso é a conjunção, num só termo, entre ser e ter o falo". Na mesma direção, afirma: o perverso, "ele o é e ele o tem"[33]. Encontra-se nessas duas formulações a tradução exata de uma questão não resolvida em Lacan — já que ela aparece em seu texto *De uma questão preliminar a todo tratamento possível da psicose*, mas sem conclusão —, que é a da identificação específica que caracterizaria o sujeito perverso.

---

[33]LACAN, J. (1958-1959) *O seminário, livro 6: O desejo e sua interpretação*. Trad. C. Berliner. Rio de Janeiro: Editora Zahar, 2016, p. 497. (N. de T.)

Dito de outro modo, Lacan aborda o caso Gide, num primeiro momento, para demostrar a especificidade de uma identificação; uma identificação a "ele o tem", que é a base dos amores homossexuais: o sujeito tem o falo, mas o tem através do fato de que o seu parceiro sexual o tem.

Nessa direção, para abordar a especificidade do caso Gide, Lacan se serve da sua elaboração concernente à relação do sujeito perverso com o corte. Na medida em que aquilo que o sujeito não tem é o objeto fetiche, e que ele coloca esse objeto fetiche do lado do parceiro — e dado que a suposição é a de que o parceiro o tem —, o sujeito parte da dedução de que ele também o tem. Verifica-se novamente que a questão da identificação constitui o eixo principal ao qual Lacan faz referência nessa época.

Mas ele demonstra algo mais, já que há outra perspectiva que ele extrai do caso Gide a partir de um detalhe que se revela crucial, uma vez que coloca em evidência a dimensão de outro eixo da relação, não tanto com o semelhante — em que a questão central, como indicamos, é a do falo. O que Lacan tenta demostrar é a relação de Gide com o grande Outro. Trata-se de um detalhe extraído da biografia que é estudado por ele no microscópio.

É em relação a uma experiência de Gide na infância, em que ele ficou procurando — em francês, o termo exato é *traquer*, que significa buscar de um modo muito intenso, investigar, remetendo inclusive a espreitar e tentar ir até o fim numa busca — uma bolinha que o pai havia enfiado no fundo de uma porta, e que ele levou um ano pra tirar. Ali se demonstra a ideia de *traquer*, que indica a perseverança com a qual ele tentou apanhar esse objeto. Gide deixou as unhas crescerem para poder arranhar melhor a porta e assim conseguir tirá-la de lá. O ponto é que uma vez que tirou essa bolinha, a única coisa que sentiu foi vergonha, porque se deu conta de que se tratava de um objeto asqueroso. Era, de fato, uma bolinha cinza e sem nenhum interesse em si como objeto; seu único interesse residia no fato de que estava ligada ao pai. Além do mais, estava alojada no fundo de um buraco e era praticamente inalcançável. O pai havia feito a bolinha cair nesse lugar exatamente com a idade que Gide tinha quando foi atrás dela. Isso ele sabia, pois haviam contato a história para ele, assim como o lugar exato onde o pai a havia colocado. O que Gide vai fazer, uma vez tirada a bolinha, é colocá-la exatamente no mesmo lugar.

É esse episódio — completamente banal, aparentemente — que faz com que Lacan diga que isso constitui a base da sublimação em Gide. Trata-se, com efeito, do único momento que o coloca em conexão com o desejo do pai. É a partir daí que Lacan demonstra como, a partir dessa experiência, Gide consegue se extrair do que seria o dever materno e introduzir uma relação com o que vai ser, para ele, o tratamento do seu ponto de dejeto. Afinal, a bolinha cinza e podre que ele encontra no fundo de uma porta é o encontro com *das Ding*. É o encontro com o objeto que, para ele, é o mais escondido e o mais íntimo de si mesmo; objeto que ele coloca no exterior e que será, de acordo com Lacan, a base na qual este objeto interno — que será a base sobre a qual ele vai construir toda a sua obra — vai se sustentar. De fato, o título dado por Lacan é *Juventude de Gide ou a letra e o desejo*.

O afeto da vergonha surge diante da ideia de ter de mostrar esse objeto para os outros. Portanto, ele o coloca no lugar de onde o havia tirado. Para Lacan, isso exemplifica a relação do perverso com o objeto interno. Esse objeto que Gide espreita com perseverança é um objeto que está no cerne do Outro. É por isso que Lacan sustenta uma oposição entre o desejo neurótico e o desejo na perversão. Na neurose o desejo está no horizonte das demandas, isto é, ele se constitui para além da articulação da demanda. Na perversão, aquilo que Lacan sustenta é que o desejo está no "cerne de todas as suas demandas". Pode-se provavelmente correlacionar essa proposição com a relação do perverso com o objeto *a*. Isto é, que a sua relação está menos encoberta, mais acessível — o que, no entanto, não lhe facilita o acesso a uma posição desejante.

É importante, por outo lado, apontar que a sublimação que encontra o seu sustentáculo nessa experiência infantil articula--se com um recurso do sujeito que lhe vem do pai. Isso dá a ideia de que, em Gide — mas pode-se estender a outros casos —, se houve um fracasso na inscrição da lei paterna, nem por isso o pai deixa o sujeito desarmado, já que este pode contar com um uso daquilo que vem do pai para fins de sublimação.

Trata-se de uma dimensão essencial na clínica da perversão e nas possibilidades de acessar a sublimação sob transferência, como evidenciaremos adiante.

Do ponto de vista da metodologia, pode-se afirmar que — do mesmo modo que, mais tarde, Lacan tenta captar aquilo que em Gide funciona como compensação à falta de desejo —, num primeiro momento, ele o formula em termos de sublimação. A sublimação é o modo como Gide compensa a falha na estrutura.

É aqui que convém precisar a razão pela qual Lacan deu um passo a mais ao atribuir ao caso Gide a necessidade de uma compensação, ao invés de se limitar a evocar a dimensão da sublimação. Quando se observa o avanço em relação à compensação, pode-se medir a distância que há entre ela e a sublimação.

LACAN COM GIDE

Conceber a passagem de uma a outra não significa que uma vem no lugar da outra. Não é que Lacan abandone a sublimação. Aquilo de que se trata é que ele acrescenta um nível de complexidade. A sublimação concerne à relação com o objeto interno. A compensação, sem excluir a sublimação, acrescenta o segundo nível, o qual produz um enodamento diferente na estrutura. A questão é central, já que permite entender *a posteriori* a razão da publicação do artigo sobre Gide nos *Escritos*. É, com efeito, o seu modo particular de compensação que permite afirmar a perversão, nesse caso, segundo a concepção que ele aventa no seminário *De um outro ao Outro*. Dito de outro modo, o que Lacan aventa quanto a Gide, em *Le savoir du psychanalyste*, é a consequência das suas novas elaborações sobre a perversão. Revisita, então, o caso Gide — e a questão de ele não ter sido um filho desejado — à luz da solução que Gide encontrou ao seu impasse. Conforme *Le savoir du psychanalyste*, Gide compensou o fato de ser um filho não desejado a partir de sua busca pelo gozo de Deus.

Lacan utiliza um termo difícil de traduzir para o castelhano, já que formula que Gide *taquinait Dieu*. Seria possível dizer que Gide *se burlaba* [tirava um sarro] de Deus, ou também que procurava *bromearle* [pregar-lhe uma peça]. A conotação da expressão é a de suscitar o gozo de Deus. Fazendo existir uma relação de gozo com o Outro, o que se busca é que o Outro exista. Voltamos novamente à modalidade de fazer com que o Outro exista. Fazê-lo existir através do gozo difere de fazê-lo existir a partir da crença — modalidade reservada à neurose. Convém, portanto, colocar em correspondência essa fórmula relacionada Gide com as formulações de Lacan relacionadas à perversão. É dessa posição, a de buscar o gozo de Deus, que

Gide compensou o fato de não ter sido desejado — o que dá a ideia de uma saída que não é nem a saída neurótica, nem a saída psicótica. Gide dedica-se a dar forma a uma figura de exceção, mas sem vir a sê-la — o que é o caso do paranoico. Gide lhe atribui forma, restituindo o que pode lhe faltar; assim, ele faz com que exista o que pode faltar a essa figura de exceção.

Convém abordar, aqui, em que essa compensação não corresponde a uma suplência que evita o desenodamento, como é o caso da suplência nas psicoses.

Em primeiro lugar, cabe se fazer a pergunta se essa modalidade de relação com o Outro não seria relativa à ironia esquizofrênica. Cumpre introduzir aqui uma distinção fundamental. A ironia esquizofrênica está a serviço de destituir o Outro. Isso se verifica na impossível alienação do sujeito ao Outro; afinal, como alienar-se a um Outro que está destituído?

Nada disso se encontra em Gide; pelo contrário, o seu ponto de orientação é o de instituir um Outro. A melhor prova disso é que tirar um sarro de Deus não excluiu o seu amor por ele. E, mais ainda, a sua relação com Deus — como veremos adiante — comporta os traços da relação com a mãe. O problema de Gide não é o da alienação com Deus, mas sim como separar-se.

Gide demonstra, portanto, a constância de um laço com Deus — ponto estável e sustentáculo da sua existência — que o distancia do seu sentimento de desamparo, experimentado sobretudo em seus anos de infância.

A solidão desses anos, a tristeza, a monotonia de sua vida e a sua falta de interesse geral — que chegam até à designação, por parte de Gide, "do estado larval no qual eu me arrastava" — constituem indicativos de uma estrutura melancólica. Novamente, o tipo de compensação que o sujeito inventou para si está em contradição com esse diagnóstico. A saída que encontrou para o seu impasse subjetivo descarta essa opção. Não se pode constatar nada que aponte para um delírio de autodignidade, uma culpa delirante ou uma tristeza que o invada. Pelo contrário, Gide encontrou espontaneamente uma saída que coloca uma distância em relação à tristeza dos anos de infância, protegendo-o do retorno de um humor depressivo.

Resta distinguir a compensação de Gide em relação à suplência que evita o desenodamento na psicose. Ainda que as suplências possam ser várias em relação ao local onde se produziu a falha na estrutura, existe um ponto comum a toda suplência nas psicose, e é o fato de que a suplência constitui o sustentáculo que protege o sujeito dos estragos do gozo do Outro. Gide não tem necessidade de se proteger da invasão do Outro. Pelo contrário, o que constitui seu sustentáculo é fazer existir um Outro que goza.

Nessa perspectiva do diagnóstico diferencial não podemos economizar a hipótese de uma neurose. De fato Lacan extrai do livro de Jean Delay uma noção concernente à vida amorosa de Gide para dar a ela uma outra ênfase. Assim, Jean Delay afirma que, "em Gide, havia uma dissociação da vida amorosa"[34]. Não se trata de uma interpretação de Jean Delay, já que o próprio Gide é explícito em *Se o grão não morre*. "[...] eu tomara o partido de dissociar o prazer do amor; e até me parecia que o divórcio era desejável; que assim o prazer era mais puro, o amor mais perfeito"[35].

Segundo a proposição de Jean Delay, a dissociação da vida amorosa refere-se ao fato de que Gide se apaixonou por sua

---

[34]DELAY, J. (1956) *La jeunnesse d'André Gide, op. cit.*.
[35]A. Gide (1926) *Se o grão não more*. Trad. H. de Gracia. Rio de Janeiro: Nova Fronteira, 1982, p. 218

prima, mas os seus objetos de gozo eram os meninos que ele encontrava na África. Isto é, tal como se pôde identificar mais tarde na vida de Gide, o que o fazia vibrar no mais íntimo do seu ser eram os meninos de pele morena. Segundo Jean Delay, a dissociação da vida erótica faz referência a uma divergência entre o prazer sexual com os meninos e o amor por Madeleine. Na realidade, Lacan vai retomar o termo "dissociação" para dar lhe outro sentido: ele vai se servir desse termo num texto posterior ao que escreve sobre Gide, e que intitula *A significação do falo*[36]; e noutro que intitula *Diretrizes para um Congresso sobre a sexualidade feminina*[37], para evocar o desejo neurótico.

Isso quer dizer que aquilo que Jean Delay aplica ao caso Gide, Lacan vai retomar para prestar contas da especificidade do desejo no neurótico. Decerto, em sua essência, trata-se mais do desejo neurótico masculino. Se estou evocando o desejo neurótico em geral, sem especificar o sexo, é porque se, por um lado, Lacan aplica-o fundamentalmente ao homem, ele também acrescenta que tampouco a mulher está isenta disso. Isto é, que a dissociação é tipicamente masculina, mas também aparece na mulher, por outras razões. Na realidade, Lacan enoda assim o termo "dissociação" com o termo "degradação" da vida amorosa, que vem de Freud, para salientar a tendência, no homem, de separar o objeto de amor do objeto de desejo.

Poderíamos incluir nessa mesma perspectiva — isto é, daquilo que Lacan pega emprestado de Delay — o termo "divisão". Delay se refere a Gide em termos de "homem dividido".

---

[36]LACAN, J. (1958) A significação do falo *In*: LACAN, J. (1966) *Escritos*. Rio de Janeiro: Jorge Zahar Ed., 1998, p. 692-703.
[37]LACAN, J. (1958) "Diretrizes para um Congresso sobre a sexualidade feminina. *In*: LACAN, J. (1966) *Escritos*. Rio de Janeiro: Jorge Zahar Ed., 1998, p. 734-745.

LACAN COM GIDE

Decerto Delay não usa a expressão "sujeito dividido", mas cumpre dizer que, antes da expressão de Delay, "homem dividido", Lacan tampouco a utiliza. Não seria impensável que Lacan tenha se inspirado em Jean Delay para utilizar essa expressão, à qual ele vai dar um uso estrutural e em função do significante — e aplicada, portanto, ao sujeito. É o sujeito que está dividido, como efeito da eficácia do significante em nível inconsciente, o que condiciona uma diplopia no que se refere ao amor, por um lado, e ao falo, por outro.

Para além de isolar a origem dos conceitos, a questão importante de ter em mente é a de que, na dissociação da qual fala Delay, não se trata, como na neurose, de algo que se passa entre a corrente sensual e a corrente erótica — como no obsessivo, cujo resultado é uma divisão entre o objeto do desejo e o objeto de amor. No obsessivo, trata-se de uma divisão entre, de um lado, os sucedâneos da mãe e, do outro lado, os sucedâneos da prostituta. Essa é a tese de Freud em *Sobre a mais comum degradação na vida amorosa*[38]. A ideia de Freud é a de que, no homem, constituem-se duas séries, e cada mulher virá ocupar um lugar numa ou noutra dessas duas séries.

Em Gide, a polaridade da vida afetiva é entre, de um lado, o anjo — a mulher do amor sucedânea da mãe — e, do outro, o que Gide designa como os *"vaurien"*, os "valenada", que são os jovens que suscitam o seu desejo.

A dissociação do amor não ocorre, portanto, entre uma mulher do amor e outra que encarna o falo — fonte de desejo,

---

[38]FREUD, S. (1912) Sobre a mais comum degradação na vida amorosa. *In*: FREUD, S. *Obras completas*, vol. 9: "Observações sobre um caso de neurose obsessiva (O homem dos ratos), Uma recordação de infância de Leonardo da Vinci e outros textos". Trad. P. C. de Souza. São Paulo: Companhia das Letras, 2013, p. 347-363.

então —, e sim por conta de o falo que falta à mãe se colocar do lado dos jovens.

Essa é uma pergunta crucial que vai além do caso Gide e que interessa a toda a clínica analítica, que é a questão da separação entre o amor e o desejo. No seu caso, o excesso de amor — proveniente da mãe e sem indícios de desejo — leva ao beco sem saída. O problema é resumido por Lacan com a seguinte formulação: Gide "envolvido por esse amor". O termo de Lacan é *enveloppe*: envoltório, mas que também serve para designar o envelope quando se manda uma carta. A ambiguidade do termo indica que ele tem ambas as conotações de envolver, de recobrir, mas também a de um envelope que encerra um conteúdo.

A pergunta que se impõe é: o que há, para Gide, dentro do envoltório? E há uma resposta em Lacan, já que ele afirma que esse invólucro do amor era a única coisa que o sujeito possuía, porque acrescenta uma frase que inclui duas dimensões, visto que formula: "Gide [...] só tem do amor a palavra que protege e que interdita; a morte levou, com seu pai, aquela que humaniza o desejo. Por isso é que o desejo fica, para ele, confinado ao clandestino"[39].

A primeira parte da frase faz alusão ao fato de que Gide teve a palavra que protege. Essa dimensão corresponde ao efeito do amor; ter o amor é ter a palavra que protege. Mas, e esta é a segunda dimensão, Lacan acrescenta que faltou para Gide a palavra que humaniza o desejo. Noutros termos, caso se tire o envoltório do amor, o sujeito fica sem o recurso do desejo e é condenando a oscilar entre a palavra que o protege e a palavra que proíbe.

---

[39]LACAN, J. (1958) Juventude de Gide ou a letra e o desejo *In*: LACAN, J. (1966) *Escritos*. Rio de Janeiro: Jorge Zahar Ed., 1998, p. 764; trad. modificada.

Isso nos evidencia uma concepção que se afasta da ideia de que o amor pode ser suficiente para constituir um sujeito. Pode-se receber o maior amor da parte do outro, mas isso não significa ter sido introduzido numa perspectiva de desejo na vida. Ao mesmo tempo, cumpre colocar em conexão essa concepção e a ideia de que aquilo que introduz o sujeito na dimensão do desejo é o desejo do pai. A palavra que humaniza é a palavra que coloca o desejo em conexão com a lei.

Novamente, cumpre conectar essa concepção com o fato de que, tal como afirmou Lacan, Gide foi desejado no imaginário. Ser desejado no imaginário abre uma via para o desejo, mas um desejo que não se conecta com a lei — portanto, não é um desejo que provém do Nome-do-Pai. Se o amor envolve e falta a humanização do desejo, isso cria uma conjuntura especial, dada a ver pela relação com os objetos de amor e de desejo.

Retomemos a relação de Gide com a santidade, que, se não chega a ser uma noção a respeito da qual Lacan insiste, o modo recorrente como aparece em sua obra justifica que dela nos ocupemos — sobretudo por ela se articular de um modo específico com a perversão. Há uma reflexão de Gide em relação a esta última, o que não é de estranhar, dada a sua estreita conexão com a religião. Gide reteve as palavras de sua prima — quando ela dizia que "mais importante que a felicidade é a santidade" — para demonstrar como encontrou nela exatamente o que queria da mãe: a posição moral, a renúncia a todo e qualquer indício de possibilidade de gozo. No texto de Lacan, essa dimensão está evidenciada quando ele frisa a "abnegação de gozo", o que alude à relação da mãe com o gozo, mas também à posição de Madeleine.

Outro momento na obra de Lacan é quando ele se refere às mulheres santas. Trata-se do seminário *A angústia*, no qual, em conexão com Santa Ágata e Santa Luzia, afirmou que se trata de "duas dignas santas"[40]. A frase de Lacan é em referência aos quadros que Zurbarán fez tanto de uma quanto de outra. Na realidade, ele se apoia nesses quadros de Zurbarán para mostrar duas figuras da mulher nas quais a escolha é por um amor divino. Conhece-se a conclusão no caso de Santa Ágata. A história conta que se trata de uma mulher bonita que recusou as investidas de sedução daquele que era, à época, o procônsul da Sicília, porque não queria renunciar ao amor de Deus. Diante disso, o procônsul a tortura até cortar-lhe os seios. É isso que aparece no quadro de Zurbarán, ao que Lacan faz referência no momento em que aventa a sua concepção do objeto pequeno *a*. Os seios cortados são a encarnação do objeto *a*.

O que é célebre no quadro de Zurbarán é um dar a ver; trata-se de algo que demonstra claramente — e, nesse sentido, constitui um exemplo paradigmático disso — uma renúncia ao gozo. Trata-se, por parte dessa santa, da renúncia a um gozo fálico; e, na realidade, essa posição, assim como a sua contrapartida — a escolha do amor puro — é uma questão que aparece em vários momentos no ensino de Lacan. Já evoquei isso com relação ao caso Hans: ali Lacan aventa que, se Hans tivesse tido uma mãe católica e devota — em vez de uma judia —, isso o teria levado ao sacerdócio ou à santidade.

O tema da santidade aparece também em diferentes momentos da obra de Gide. Ganha proeminência em *A porta estreita*, em que se descreve uma cena como sendo a do instante mais delicioso, que antecede a felicidade — isto é, a declaração de

---

[40]LACAN, J. (1962-1963) *O seminário, livro 10: A angústia*. Trad. V. Ribeiro. Rio de Janeiro: Editora Zahar, 2005, p. 194.

amor. Essa cena retoma um diálogo entre Gide e Madeleine. Assim, Alissa é descrita como estando toda vestida de branco. André — isto é, Gide — dirige-se até Alissa para perguntar: "Que pode a alma preferir à felicidade?". A resposta de Alissa é: "A santidade"[41].

Jean Delay vai nessa direção quando propõe que na obra de Gide as mulheres — seja Emmanuelle, Alissa ou Marceline — ocupam o lugar do anjo do sofrimento que simboliza a virtude cristã. Eis algo que se confirma, caso se retome *Se o grão não morre*, nas cenas que narram o fato de que, toda noite, a mãe lê um livro para André, e este descobre *As Escrituras* com uma "devota veneração". A emoção que elas lhe produzem — semelhante à *Ilíada* ou à *Oresteia* — fazem com que ele diga: "a arte e a religião casavam-se com devoção, e eu sentia o gosto do mais profundo êxtase no mais fusionado do pacto entre elas". Gide vai nessa mesma direção quando evoca André e descreve a prece como sendo o cúmulo da felicidade.

É também nessa mesma perspectiva que se situa a lembrança da morte de sua mãe, evocada em *Si le grain ne meurt* — em que a lembrança está menos associada à perda devida à morte do que à admiração daquela que foi uma mulher de dever, assim como a encarnação da religião e da moral puritana.

A conjunção do amor único por Madeleine e o amor divino plasma-se na fórmula de Gide: "não diferiam em nada". Nessa mesma direção também encontramos o seguinte: "Parecia-me... aproximando-me de Deus, aproximar-me dela". E como diz Jean Delay, em seu capítulo *O casamento branco*, isso funcionava ao

---

[41]GIDE, A (1909) *A porta estreita*. Trad. R. C. de Lacerda. Rio de Janeiro: Nova Fronteira, 1984, p. 107.

contrário: aproximando-se dela, aproximava-se de Deus. A escolha do amor enoda-se à religião e a uma mulher casta, já que ao casamento branco ela consentiu. Como afirmava Gide, foram muitas as vezes que, pensando em Madeleine, confundiu-a com a sua mãe.

É essa questão da mulher santa que permite retomar a conexão com a proposição de Lacan: "mulher santa, filho perverso". Visto que, na relação entre a mulher santa e o filho perverso, trata-se do fato de que o filho se coloca em posição de fazer existir, no grande Outro — ou a quem ele coloque em seu lugar, como a sua mãe —, a ideia de um gozo absoluto. É essa a ideia de Lacan em seu Seminário *De um outro ao Outro*: "é preciso que haja uma mulher não castrada"[42], em referência a Uma não castrada — o que exige, em contrapartida, do lado do sujeito, e como modo de assegurar a permanência da não castração, a fidelidade absoluta.

A referida fidelidade se inscreve na lógica perversa. Ela está marcada pela obrigação de recomeçar, de modo a evitar a descontinuidade que comporta um risco — o do encontro com a castração. No caso de Gide, não se trata tanto da fidelidade em relação ao gozo, mas da fidelidade em relação ao amor. Ali onde a diferença sexual poderia suscitar um efeito negativo, a marca da castração, tenta-se apagar a diferença positivando-a — evitando, por meio do amor, a falta-a-ser. Ele diz isso muito claramente no encontro com a prima Madeleine, que é o momento no qual ele conclui e decide sobre o futuro. Gide o define assim: "é o instante que decide a minha vida, ainda não

---

[42]LACAN, J. (1968-1969) *O seminário, livro 16: De um Outro ao outro*. Trad. V. Ribeiro. Rio de Janeiro: Editora Zahar, 2008, p. 284.

LACAN COM GIDE | 143 |

consigo me lembrar dele sem angústia". Em *A porta estreita* essa cena aparece no encontro com a personagem de Alissa — que representa sua prima Madeleine —, em que ele descreve esse instante: "Inebriado de amor, de compaixão, de um sentimento indistinto em que se mesclavam entusiasmo, abnegação e virtude, invocava a Deus com todas as forças e me ofertava, na certeza de que o único propósito da minha vida era proteger aquela criança contra o medo, contra o mal, contra a vida"[43]. Mais adiante, Gide acrescenta: "Até aquele dia eu havia errado ao acaso; e de repente eu tinha descoberto um novo rumo para a minha existência"[44]. Trata-se da virada em sua vida na qual lhe cai a ficha do amor pela prima, decidindo assumi-lo para a toda a eternidade. É o que o leva a dizer: "nem todo o meu amor, toda a minha vida, seriam suficientes para curar"[45]; e acrescenta: "Acreditei que podia dar-me a ela todo inteiro, e o fiz sem reserva de coisa alguma."[46].

Na realidade, o que se percebe é a questão do "por inteiro", que é o contrário de um amor que comporta uma divisão. Não há falta; trata-se, aqui, de adotar uma posição que consiste em acreditar dispor de modo absoluto de tudo aquilo que pode completar o Outro. E, também de um modo decidido, ao mesmo tempo em que se orienta por este amor sem nenhum tipo de divisão, emerge um amor místico. Produz-se, assim, em Gide a conjunção do amor pela prima e o amor por Deus. Ele o condensa com esta frase: "descobri, repentinamente, o místico

---

[43]GIDE, A. (1909) *A porta estreita*. Trad. R. C. de Lacerda. Rio de Janeiro: Nova Fronteira, 1984, p. 23.
[44]GIDE, A. (1926) Se o grão não morre. Trad. H. de Garcia. Rio de Janeiro: Nova Fronteira, 1982, p. 96.
[45]*Ibid.*
[46]*Ibid.*, p. 279.

oriente da minha vida. Aproximando-me de Deus, me aproximo dela". Gide assume como missão a transformação do sofrimento do Outro em bem-estar divino. É o modo como a renegação perversa opera. Frente à castração do Outro, não se trata nem de reconhecê-lo, nem de assumi-lo. Trata-se, sim, de transformá-lo, fazendo como se não existisse.

Também é muito interessante que Gide tenha confessado a Paul Valéry que por trás de "Morella" — um dos personagens da sua ficção — esconde-se a sua prima Madeleine. Percebe-se claramente que o significante "Morella" inclui a questão feminina, "ela"; e ao mesmo tempo, invertendo, encontra-se *la mort*, "a morte", do mesmo modo como se conjugam para Gide o encontro da morte e o encontro com a mulher. Isso remete a uma questão constante para ele; questão já evocada anteriormente neste capítulo com a enigmática citação de Lacan, que sustenta que "o menino Gide" está "entre a morte e o erotismo masturbatório"[47].

Cabe também mencionar a posição de sua prima Madeleine, inconsolável diante da cena que foi determinante para ela e para Gide, que é a da infidelidade da mãe de Madeleine, Mathilde — a mesma que esteve na origem da cena erótica que confrontou Gide ao gozo do Outro. O que Gide ressalta da descrição da cena é o caráter devastador que ele percebeu em Madeleine. A incidência da mãe que trai e a morte de seu próprio pai constituem para ela também um modo no qual a morte e o amor se coagulam — o que esteve na base da escolha por uma vocação religiosa.

---

[47]LACAN, J. (1958) Juventude de Gide ou a letra e o desejo *In*: LACAN, J. (1966) *Escritos*. Rio de Janeiro: Jorge Zahar Ed., 1998, p. 764. (N. de T.)

É interessante, ao mesmo tempo, evocar o modo como Gide fala da morte do pai, colocando em primeiro plano o amor da sua mãe. Isso ressoa com a frase de Lacan que eu evoquei sobre o envoltório do amor. Diante da morte do pai, ele diz: "senti-me repentinamente envolvido por esse amor, por esse amor que me fazia mal". Percebe-se bem como é um amor que não produz uma abertura em relação para o desejo. A pergunta de Lacan sobre o que a mãe foi para essa criança traduz-se na relação com as mulheres.

Seu único desejo concerne à clandestinidade. Constata-se a recorrência da fórmula segundo a qual Gide afirma o seu desejo: trata-se do "meu gosto pela clandestinidade". A sua necessidade de um prazer clandestino o distancia não apenas do conformismo ao qual estava predestinado pela sua criação, mas também da lei paterna. Eis o que permite aventar a ideia de uma recusa paterna em seu caso.

Essa é outra das perspectivas que se depreendem da concepção de Lacan quanto à teoria do desejo e o modo como Gide constitui um contraexemplo.

Para o Lacan dos anos 1950, no contexto em que escreve o seu artigo sobre Gide, o desejo é efeito da lei paterna. É na medida em que um sujeito consente o Nome-do-Pai que existe uma possibilidade de ter acesso a um desejo que seja legítimo.

Seguindo essa concepção, o desejo estaria limitado à neurose — o que suscita a questão do desejo nas outras estruturas clínicas. Poderiam concluir com isso que há ausência de desejo na psicose e na perversão. Trata-se de uma conclusão precipitada. Na realidade, a clínica analítica demonstra que existe uma dimensão de desejo em ambas as estruturas. O que seria mais preciso seria distinguir, em cada caso, qual é o propulsor do desejo.

Na psicose seria possível argumentar que o desejo se sustenta na dimensão narcisista. Testemunha disso é a megalomania, eixo fundamental na abordagem da paranoia em Freud. Um desejo, portanto, a serviço de fazer com que o próprio Eu seja reconhecido. Na perversão trata-se de um desejo, mas fora da ordem simbólica; fora, portanto, da ordem fixada pelo Nome-do-Pai — o que não quer dizer que o Nome-do-Pai é inoperante. O sujeito se inscreve a partir da metáfora paterna, que, no entanto, não constitui o ponto de apoio para o desejo. É, antes mesmo, um desejo centrado pela perspectiva imaginária. Trata-se, de fato, de uma das dimensões que, naqueles anos, Lacan frisa no que se refere à perversão — isto é, a sua afinidade com a metonímia. É nessa direção que ele vai postular que o perverso está identificado com a forma imaginária do falo.

Testemunha disso é também a relação de Gide com os seus parceiros amorosos. Pode-se começar com o devir da relação em amor único, que é simultaneamente o amor único da mãe por Gide e de Gide pela mãe. Trata-se aí não de uma substituição, mas de um deslocamento típico da metonímia. Onde reside a diferença entre um deslocamento e uma substituição em relação com a mãe? É evidente que, para Gide, a prima Madeleine ocupou o lugar da mãe depois de outra ocupar esse lugar de modo intermediário, fazendo a transição. A mulher da transição é a tia Mathilde, que constitui, antes mesmo, um objeto que cativa Gide. Constrói-se, assim, uma série do amor: após o amor pela mãe vem o interesse pela tia e, finalmente, o amor pela prima — com a qual ele se casa quatro meses depois da morte da mãe. Gide ama a prima sem renunciar à mãe.

Há uma fórmula em Gide muito interessante — que mostra que não houve substituição, mas simples deslocamento de uma

LACAN COM GIDE

a outra — quando ele afirma: "Quantas vezes, quando Madeleine estava no quarto ao lado, eu a confundi com minha mãe?" Essa formulação põe às claras a ineficácia de uma operação. Em Gide não operou a lei que permite a renúncia ao desejo pela mãe, operação que o Lacan dessa época nos ensina como sendo algo que depende da eficácia da metáfora paterna. A contrapartida dessa lei é que a proibição funciona como autorização para ter acesso ao desejo por uma mulher. Retomando a ideia de Lacan — de que Gide dispõe da palavra que protege e proíbe —, nos apercebemos de que a proibição em jogo é da ordem imaginária e não depende da integração da lei. O déficit dessa operação se traduz, em Gide, no fato de que ele pode estar com uma mulher, mas não de um modo diferente daquele como esteve com a sua mãe. Para ele, estar com Madeleine é como estar com a mãe, e de fato isso aparece de forma muito clara no que ele escreve autobiograficamente: é no momento da morte de sua mãe que se cristaliza o amor único por Madeleine, que fica intacto e permanece para sempre. O amor pela mãe se prolonga no amor pela prima. E um amor que desliza da mãe à prima, que se prolonga de uma à outra, é outra coisa que não a renúncia e a substituição.

Dito de outro modo, Gide é filho do amor pela mãe, de um lado; e é, de outro, adotado pelo desejo por parte da tia. Aqui convém recordar a questão evocada no início do capítulo: a fórmula de Lacan, "o fatídico trio de feiticeiras"[48], fazendo referência à mãe, à tia e à prima.

Quanto ao pai, a sua relação com Gide e o que se pôde transmitir de um ao outro não existem muitas referências, mas o que se pode extrair é contundente. Gide dizia que o pai lhe chamava

---

[48]*Ibid.*, p. 775. (N. de T.)

| 148 |

A PERVERSÃO E A PSICANÁLISE

de "meu pequeno"[49]. Dado que há apenas uma referência de Lacan para indicar a relação de Gide com o pai, cabe assinalá-la. Lacan, para qualificar a referida relação, utiliza como expressão: "veneração filial"[50]. É surpreendente, uma vez que se trata de uma fórmula que Jean Delay utiliza, mas para falar da relação de Gide com a mãe. Pode-se supor que é apenas por acaso que Lacan utiliza a mesma fórmula, ou acaso se pode supor que Lacan a toma emprestado, mas para falar da relação com o pai? Em todo caso, a fórmula se aplica bem ao que foi a relação com o pai. De fato, é o próprio Gide em seu diário quem se refere ao pai nos seguintes termos: "eu sentia uma veneração ligeiramente medrosa". Trata-se de um pai que se ocupa de poucas coisas em relação ao filho, tirante levá-lo para passear — há toda uma série de cenas nas quais pai e filho caminham pelos jardins de Luxemburgo. O que se deduz dos relatos de Gide é que, para ele, caminhar com o pai não era nada além de caminhar com um amigo.

Ora, qual é o único ponto que permitiria fazer pensar na questão de um desejo no pai e de uma posição, em Gide, em relação a esse desejo? Lacan aborda a questão, trata-se do interesse do pai pelos livros. Ele possuía uma grande biblioteca na qual permanecia trancado lendo durante horas — biblioteca à qual Gide não tinha acesso. Quando o pai morreu, Gide estava com 11 anos, e a mãe trancou a biblioteca à chave. Em várias ocasiões Gide insistiu para poder entrar, mas a mãe o proibiu. Foi só quando ele tinha 16 anos, e depois da insistência de alguém

---

[49]Em francês, *mon petit ami*: "meu amiguinho", literalmente, mas também "meu namorado". (N. de T.)
[50]LACAN, J. (1958) Juventude de Gide ou a letra e o desejo In: LACAN, J. (1966) *Escritos*. Rio de Janeiro: Jorge Zahar Ed., 1998, p. 757. (N. de T.)

muito próximo da família, que uma mudança se produziu. Esse amigo dá o alerta e insiste que a mãe abra a porta da biblioteca para o filho, ao que ela aquiesce, mas fixando condições. Isto é, ela resolveu abrir a biblioteca, mas com a condição de que o filho, André, pegasse um livro para ler com a mãe. Assim, mãe e filho passam noites em que a mãe lê os livros para o filho.

A biblioteca encarna o lugar de um desejo que ficou obstaculizado em relação ao pai. Entre André e o pai, a mãe se colocou de modo a causar obstrução; e, de igual maneira, o pai não se interpôs de modo a fazer com que um desejo, que viesse do seu lado, fosse possível para André.

Como então diferenciar o amor, o desejo e o gozo da mãe nesse caso, já que o amor aparece recobrindo o conjunto? É um modo de prolongar a pergunta de Lacan: "o que foi a mãe para esse menino, bem como aquela voz através da qual o amor se identificava aos mandamentos do dever?"[51].

O tema do gozo da mãe quase não aparece na proposição de Lacan, e a única menção a qual gozo seria esse ocorre ao colocá-lo do lado do gozo com a governanta, Madame Shackleton. Ela era, com efeito, a governanta da família, e transformou-se em amiga íntima da mãe de Gide, a ponto de entre ambas se estabelecer uma relação de grande proximidade. Gide conta, em sua obra, uma cena infantil de um gozo homossexual entre duas domésticas, algo que aparece também em sua biografia, numa cena típica segundo a qual ele se achega e escuta o arquejo de duas empregadas da família.

Há em Lacan a suspeita de que essa relação de proximidade da mãe com essa governanta tenha sido o que fez com que Gide

---

[51]*Ibid.*, p. 760. (N. de T.)

enfatizasse essa relação que ele escutou das duas domésticas, isto é, que existiria nele a ideia de uma suposta homossexualidade na mãe; uma homossexualidade, é claro, que fica bem delimitada e não é atuada. Se há gozo em algum lugar, em lugar nenhum aparece em Gide um possível gozo da mãe com o pai. Trata-se, antes mesmo, do suposto gozo da mãe com outra mulher.

Em todo caso, o essencial na mãe de Gide é que é uma mulher de dever, no sentido em que o seu único interesse é, antes de mais nada, o preceito religioso; e, de fato, a consequência disso para ele é muito interessante, e patente em suas formulações. É assim que Gide afirma que, quando se aproximava de Madeleine, sua prima, aproximava-se da religião e estava mais perto de Deus. Do mesmo modo, quanto mais se aproximava de Deus, mais próximo estava de Madeleine. Eis o que permite isolar um enodamento que se produziu em Gide, comportando a conjunção entre o amor a Deus e o amor único por essa mulher — e ambos em relação ao gozo.

Se abordamos, em contrapartida, a questão do desejo na mãe de Gide, esse não aparece tal como se manifesta, por exemplo, na mãe do sujeito neurótico — exemplificada, por Lacan, com a mãe do pequeno Hans. O indício do desejo se percebe claramente quando há algo de um possível gozo em Hans. A mãe, nesse caso, trata-o com desprezo, o que dá uma indicação de que o seu desejo está para além disso. O desejo, portanto, não concerne ao que se diz sobre o suposto objeto de desejo, mas é o que se deduz a partir de uma interpretação. Hans deduz que ele não satura o objeto de desejo da mãe, com o que ele interpreta que o desejo dela se coloca noutro lugar. Em Gide nenhuma interpretação é necessária, já que ele sabe que encarna o único objeto de desejo para a mãe, o que resulta

LACAN COM GIDE

151

numa conjunção muito especial, se se toma como exemplo — para comparar outro caso, que tem uma grande proximidade com esse — o caso do escritor Marcel Proust.

Trata-se, para esse último caso, de uma mãe numa relação particularmente íntima com um filho, mas com uma variante em relação à mãe de Gide; isso porque, para a mãe de Proust — e é o que esse vai escrever ao longo de toda a sua vida —, ele encarna o único prazer para ela, a ponto de ele jamais ter podido encontrá-lo noutro lugar. E isso ganha corpo, vem ao caso dizer, naquilo que é o beijo de boa noite com a sua mãe. Como faz Jean Delay — que distingue a mãe de Proust e a mãe de Gide, em *No caminho de Swann* —, capta-se o encanto do beijo noturno por parte da mãe. É desse beijo noturno que ele poderá dizer: "proporcionava-me demasiado prazer"[52]. Falta esse encanto no caso Gide. Proust, assim como Gide, tenta repetir no encontro com uma mulher o amor pela mãe, de modo a reviver uma afecção total. Em *Sodoma e Gomorra*, quarto tomo de *Em busca do tempo perdido*, Proust faz uma descrição em relação à morte da mãe e menciona: "Uma mãe toda, dedicada aos filhos, que não conta"[53]. Na obra de Proust, o lugar do amor pela ausente prevalece. Em sua vida, a via da homossexualidade abre-se para ele com a morte da mãe. Cabe mencionar a particularidade de Proust e o efeito em relação às mulheres. Ocorreu mais de uma vez de ele se apaixonar e pensar em se casar. Era, todas as vezes, ou com mulheres que tinham 20 anos mais que ele, ou mulheres inacessíveis, já que eram esposas de amigos seus.

---

[52]PROUST, M. (1913) *Em busca do tempo perdido*, vol. 1: "No caminho de Swann". Trad. M. Quintana. Rio de Janeiro: Globo, 2006.
[53]PROUST, M. (1913) *Em busca do tempo perdido*, vol. 4: "Sodoma e Gomorra". Trad. M. Quintana. Rio de Janeiro: Globo, 2008.

Ou seja, a mãe de Proust é uma mãe que estava no gozo com o filho, enquanto que a mãe de Gide é uma mãe que não toca o corpo de seu filho. É uma mãe do dever, uma mãe que não o introduz na dimensão de erotizar ao filho e mostrar a ele, com a lei, que o desejo é por um objeto que se situa noutro lugar. O que é comum a ambos são as consequências, isto é, obstaculizar o desejo por uma mulher.

Ora, o específico em relação a Gide, como antecipei, reside naquilo que Lacan designa não como falta de desejo, mas como falta de uma palavra que o humanize. Pode-se entender a humanização do desejo como o extrair-se da dimensão mortífera na relação do sujeito com o desejo. Em Gide, a falta de humanização traduz-se na sua incessante busca pelo absoluto, pelo sem limite, modo em que se pode deduzir uma relação do sujeito com a castração segundo a forma da renegação. É seguindo essa lógica que Lacan conecta o erotismo que impele Gide ao absoluto da morte.

O que constitui limite para a morte é um desejo de vida, e era isso o que faltava em Gide. O que esse caso deixa bem manifesto é que, quando o desejo não advém, não é o amor quem pode supri-lo. O amor não é uma solução, e de fato é o que testemunha uma infância marcada pela angústia, pela solidão e pelo fastio, a ponto de sentir-se completamente perdido. Isso demonstra que não foi o amor da mãe que permitiu que ele fosse em direção aos objetos, nem que constituísse um verdadeiro interesse por algo em especial. Há em seu caso, antes mesmo, uma errância do desejo; e não surpreende que o vazio do seu ser tenha sido preenchido por um único objeto, uma mulher, Madeleine, que encarnava a ausência de desejo, mas que satisfazia o ideal ascético que se havia estruturado em Gide.

Portanto, mais que desejo, pode-se sustentar que o que prevaleceu em Gide foi a devoção ao ideal de abnegação que essa mulher encarnou.

Gide serviu-se de uma expressão que confirma esse desenvolvimento, visto que, ao se referir à mãe, afirmou que "ela varria ao máximo tudo o que, para mim, podia ter alguma importância" — o que remete ao fato de que ela o tomou como objeto de amor, mas com a condição de que ele ficasse nesse lugar, feito um objeto morto. E se algo ganhava vida aos olhos de Gide, quando havia algo que podia ter alguma importância — como, por exemplo, ir à biblioteca do pai —, aí ela fechava a porta. Isso é explícito até na escolha do título do romance a *A porta estreita*, que é um indício da relação com o Outro sexo — de como a porta apenas se entreabriu. E quando evoca o casamento com Alissa em sua imaginação, ele o evoca a partir da ideia de que os dois estavam vestidos de branco. A mãe é a austeridade e o dever, a porta estreita é a que conduz a Deus. A austeridade golpeia-o em relação ao corpo da mulher. É assim que descreve a cena do corpo, na qual uma mulher faz cócegas num homem — que representa Gide —, o que não produz nenhum efeito erótico nesse homem. Em *A porta estreita* Gide indica que o edifício da sua felicidade é o amor. De igual maneira, indica a tristeza de sua mãe e a indignação dela com Mathilde, e o modo como esta última assume, sem inibição, a sua relação com a sexualidade.

Existe, por outro lado, um outro efeito de encarnar a mãe do amor, e é o que se verifica em Gide na sua relação com uma lei arbitrária. Pode-se extrair de Lacan essa dimensão quando ele se refere aos efeitos desse amor, e aí aventa a voz do mandamento. Um amor cujo resultado é uma voz que não dá lugar a nenhum compromisso, só exigindo obediência, não é possível sem remetermos ao Supereu e ao dever tirânico que isso impõe ao sujeito. Se, aos olhos da mãe, o desejo no corpo é insuportável, a lei tirânica que se encarrega do Supereu comporta, paradoxalmente — como desenvolve Lacan —, um empuxo ao gozo sem freio e sem lei.

Resta afirmar o lugar da letra na escrita de Gide. De uma perspectiva lógica, seria legítimo afirmar que a letra veio compensar o que faltou no nível do desejo. Ali onde, no princípio, a resposta do sujeito foi a sublimação (que resulta insuficiente) ou a relação com Deus (que representa um sustentáculo necessário), veio a letra para completar a ausência na estrutura, efeito da falta de desejo do Outro.

Esse desenvolvimento em torno de Gide, a prevalência das mulheres em torno dele, assim como as consequências no que se refere a uma relação especial com o Outro divino, Deus, nos leva a enfatizar a relação da perversão com A mulher. Será esse o eixo do próximo capítulo.

| 3 |

A perversão
e A mulher

Existe uma questão, que atravessa a psicanálise, em relação à qual as posições teóricas diferem. Trata-se da existência ou não da perversão na mulher.

Caso se considere o eixo central de Freud — cuja orientação é a do fetichismo —, tal como desenvolvemos aqui, seria lógico excluir a perversão do lado da mulher. Com efeito, a condição fetichista implica uma invenção por parte do sujeito ali onde há uma falta. Trata-se da criação de um objeto que aparece no lugar da falta de órgão sexual na mulher. Depreende-se disso uma afinidade entre o sexo masculino e a perversão. O sexo masculino é o sexo frágil em relação à perversão, e isso na medida em que a criação do objeto fetichista é condição para abordar uma mulher. A partir dessa perspectiva, compreende-se a lógica que leva a excluir a perversão das mulheres. Afinal, elas não necessitam da criação de um objeto que faça mediação. A mediação é encarnada no órgão do homem. Seguindo essa concepção, compreende-se a lógica pela qual Lacan introduz a ideia do pênis como fetiche para uma mulher.

Mas para Lacan, depois da sua passagem pelo fetichismo — isto é, depois de ter tomado a orientação do falo como perspectiva diferencial da perversão —, o essencial gira em torno do objeto mais-de-gozar. Pensar a perversão em termos de mais-de-gozar exige uma clínica diferencial mais precisa para evocar a perversão, seja no homem ou na mulher. Evocar o mais-de-gozar é orientar a definição da perversão em relação a um gozo que não seja fálico; e, portanto, isso põe em perspectiva a perversão em sua relação com a mulher. Isso implica que seja necessário explicar o que é que se entende por esses objetos mais-de-gozar, de um lado; e, de outro, a distinção quanto ao uso desses objetos em relação à mulher na perversão, na neurose e na psicose. Implica, ademais, que definir o mais-de-gozar em relação à perversão é introduzir no horizonte o gozo feminino, o que não significa que se tenha de concluir que, para Lacan, a perversão feminina exista.

Que Lacan põe em perspectiva a perversão e A mulher, aí está algo que se evidencia com a fórmula que ele aventa em relação ao sujeito perverso — fórmula segundo a qual A mulher não tem falo, mas ele deve ser completado —, mas também a partir da perspectiva do seminário *La logique du fantasme* [A lógica da fantasia][1], no qual ele aventa a ideia de que formular a pergunta sobre o gozo feminino é abrir as portas de todos os atos perversos. A tese de Lacan é coerente com o desenvolvido até aqui, no sentido em que, na perversão, não se trata tanto de acreditar que o gozo absoluto existe, e sim de fazer com que ele exista,

---

[1]LACAN, J. (1966-1967) *Le séminaire*, livre XIV: *La logique du fantasme* (inédito).

A PERVERSÃO E A MULHER

de modo a extrair a barra que recai sobre o Outro — barra que o despoja do gozo total. Dito de outro modo, o perverso não cessa de, incansavelmente, restituir ao corpo do Outro o gozo perdido. Enquanto na neurose o sujeito recorre à fantasia para suprir a falta no Outro, na perversão o sujeito supre a inconsistência do Outro a partir da proposição do mais-de-gozar.

Retomemos a perspectiva clínica. Lacan, seguindo Freud, coloca perversão e neurose de um mesmo lado e psicose, do outro. Isso quer dizer que, tal como Freud propõe em seu artigo *A cisão do eu no processo de defesa*[2], a neurose e a perversão implicam o reconhecimento da castração. Quanto ao que difere entre uma categoria e outra, só é possível determinar em função da saída para esse reconhecimento da castração. Dito de outro modo, o reconhecimento é uma experiência que não permite saber o uso que se fará da referida experiência. O reconhecimento implica a admissão da existência. Saber fazer um uso dela é uma decisão inconsciente que implica a relação do sujeito com o ato. Ora, Lacan apresenta uma fórmula que introduz uma distinção ao que foi aventado por Freud, já que sustenta que "é preciso que haja uma mulher não castrada na perversão"[3]. Cabe se perguntar se isso é equivalente a sustentar — como ele havia formulado — que na perversão A mulher não tem o falo, mas ele deve ser completado. Ainda que se trate de duas definições diferentes, elas vão na mesma direção. Quanto à diferença, cumpre notar que numa Lacan se refere à A mulher; noutra, a Uma

---

[2]FREUD, S. (1938) A cisão do eu no processo de defesa. *In*: FREUD, S *Obras completas*, vol. 19: "Moisés e o monoteísmo, Compêndio de psicanálise e outros textos". Trad. P. C. de Souza. São Paulo: Companhia das Letras, 2018, p. 345-350.
[3]LACAN, J. (1968-1969) *O seminário, livro 16: De um Outro ao outro*. Trad. V. Ribeiro. Rio de Janeiro: Editora Zahar, 2008, p. 284. (N. de T.)

mulher. É importante, para situar a razão dessa mudança, também levar em conta o contexto no qual ele o desenvolve.

Quando Lacan diz que A mulher não existe, o "a" maiúsculo (A) da mulher implica que o conjunto das mulheres não existe, mas uma pode ser elevada ao nível da exceção. Isto é, propõe-se aí a inexistência da exceção necessária do lado das mulheres. Contrariamente à posição do homem — que requer a existência fundadora da exceção para que exista o conjunto dos homens —, não existe, do lado da mulher, uma exceção que funda o conjunto. É por isso que Lacan, no seminário *Mais, ainda*[4], não se refere às mulheres, nem à A mulher, mas a uma por uma. Como falta a exceção, ela é encarnada por cada uma. Porém, quando Lacan diz que, na perversão, A mulher não tem o falo, a referência é ao universal feminino. A perversão admite a falta na mulher contanto que haja uma que possa dispor do falo. É essa uma que interessa ao perverso. Se existe uma que pode contar com ter o falo, é porque é o perverso que o proporciona. Assim se deduz que, se queremos nos referir à perversão, é necessário poder afirmar que há ao menos Uma que não esteja castrada. Isso não quer dizer que existe essa "Uma" de exceção. Antes mesmo, isso remete ao fato de que o perverso faz com que essa Uma exista. É aí que reside o constante recomeçar do perverso. É algo incessante, já que, caso ele se detenha, a falha aparece. Aí aparece a questão do uso do reconhecimento da castração. E é aí, portanto, que aparece a diferença fundamental entre a neurose, a perversão e a psicose.

De um ponto de vista estrutural é legítimo afirmar a existência de uma proximidade entre neurose e perversão, o que faz com

---

[4]LACAN, J. (1972-1973) *O seminário, livro 20: Mais, ainda*, 2ª ed. Trad. M.D. Magno. Rio de Janeiro: Editora Zahar, 1985.

A PERVERSÃO E A MULHER

que uma e outra comportem uma solução à falta fálica. Essa proximidade é o que faz com que Freud, mas também Lacan, tenham pensado a neurose como sonho da perversão — sonho de ser um perverso —, ou também a "neurose, negativo da perversão". O que essa última fórmula sugere é que a perversão implica não um comportamento sexual definido, mas um uso da fantasia.

Vou desenvolver o ponto. Na neurose o que está em jogo é a colocação em forma de um sintoma que permite inferir o axioma de uma fantasia; dito de outro modo, sintoma e fantasia estão articulados. Na perversão o uso da fantasia se traduz na colocação em ato, o que não exclui — isso se verifica clinicamente — uma dimensão de inibição, que pode existir em alguns casos. Esse fato clínico vai no sentido contrário da concepção corrente, segundo a qual se pensa a perversão como um transbordamento de gozo. Aí está uma das críticas fundamentais de Lacan aos autores pós-freudianos, quando ele diz que fizeram a equivalência entre a pulsão a céu aberto e a perversão. Pode-se sustentar que afirmar que na perversão a pulsão funciona a céu aberto é um modo de formular, conforme a concepção analítica pós-freudiana, o que na cultura geral comumente se concebe: o fato de que na perversão o sujeito goza mais que nas outras estruturas clínicas. Quem se confrontou com sujeitos perversos em análise sabe que se trata, aqui, de um preconceito social sustentado teoricamente por algumas correntes em psicanálise.

Ora, na perversão trata-se de um acesso ao gozo que está perfeitamente delimitado, regulado pela estruturação da fantasia. É por isso que é interessante apresentar a distinção entre a perversão como colocação em ato da fantasia e a neuroses como colocação em ato do sintoma. Caso vejamos, por exemplo, o caso Gide, não aparece de um modo claro qual é o sintoma de Gide. Aparece, é certo, em dado momento, a pergunta pelo "sou normal ou não sou normal", mas em nenhum momento ela desemboca numa estruturação sintomática. É em relação a essa concepção que Lacan vai confrontar o problema, introduzindo uma nova definição da perversão na qual propõe que, nela, "o mais-de-gozar se desvela nuamente"[5]. Na medida em que se trata de uma nova definição, é importante saber o que muda em relação às precedentes, e se existe uma coerência caso sejam tomadas em seu conjunto.

Convém retomar a mudança de paradigma que Lacan opera passando da tese freudiana da perversão a partir do fetichismo — à qual ele adere por um tempo — à tese da perversão examinada a partir do objeto *a*. A ideia do fetichismo é que existe a criação de um tampão no lugar da falta do órgão da mulher. A mudança de paradigma em Lacan, a partir da introdução do objeto *a*, situa-se claramente no seminário *A angústia*[6]. É esse o ponto de virada a partir do qual a essência da perversão não será mais o fetichismo, e sim o masoquismo. Isso é evidenciado por ele a partir do objeto voz, que no masoquismo adquire uma forma prevalente com a incidência da voz do Outro, a partir do que, de um modo enigmático, ele aventa que existe uma dimensão de êxito na posição masoquista.

Cumpre explicar por que Lacan enfatiza o lugar do masoquismo dentro da perversão, quando o que se constata clinicamente é a ausência de casos clínicos em que se possa sustentar que se trata de puro masoquismo. Haveria, nesse ponto, um contraste entre

---

[5]LACAN, J. (1968-1969) *O seminário, livro 16: De um Outro ao outro*. Trad. V. Ribeiro. Rio de Janeiro: Editora Zahar, 2008, p. 23. (N. de T.)
[6] LACAN, J. (1962-1963) *O seminário, livro 10: A angústia*. Trad. V. Ribeiro. Rio de Janeiro: Editora Zahar, 2005.

A PERVERSÃO E A MULHER

a ênfase colocada no masoquismo e a ausência de fenômenos clínicos que venham confirmar essa concepção teórica. Na realidade, trata-se de uma contradição apenas em aparência, caso se leve em conta que o masoquismo concerne ao conjunto das estruturas clínicas. É nessa direção que se pode entender que Freud já havia forjado a noção de "masoquismo moral". Caso fosse preciso isolar uma paixão comum ao ser humano, ela seria o masoquismo moral. Está claro, contudo, que o masoquismo moral não é uma perversão; e ele impõe, portanto — como toda vez que existem fenômenos que são generalizados —, a distinção entre esses fenômenos, como trans-estruturais, e os casos que podem ser específicos de uma entidade.

Comecemos pelo seguinte: por que razão Lacan pôde sustentar que o masoquismo é exitoso? Ele o é a cada vez que o sujeito se coloca na posição de ser o objeto de gozo do Outro, adapta-se a essa posição — o que o abriga de todo e qualquer fenômeno sintomático. O sujeito se faz equivalente ao objeto de gozo do Outro. Às vezes isso comporta uma dificuldade especial na experiência analítica, inclusive: quando o sujeito fica fixado nessa posição, o que pode constituir um obstáculo a deixá-la de lado — afinal, por que abandonaria essa posição se ela é a raiz do seu gozo mais secreto? A diretriz teórica de Lacan, que começa com a introdução do objeto *a* como causa de desejo, muda de perspectiva com a definição do objeto *a* como mais-de-gozar. "O mais-de-gozar em estado desnudo", seguindo a definição de Lacan na perversão, corresponde à ideia de uma satisfação direta do sujeito, e não uma satisfação substitutiva dada pelo sintoma.

Essa perspectiva é coerente com o fato clínico segundo o qual há uma dificuldade no sujeito perverso para chegar à análise. Com efeito, o que justifica uma análise deduz-se da definição do sintoma por Freud. O sintoma, em todos os casos, é uma satisfação substitutiva. Às vezes isso comporta uma insatisfação no sujeito, já que se uma instância se satisfaz com o sintoma, isso pode deixar o sujeito insatisfeito. Às vezes certos acontecimentos desencadeiam uma insatisfação, e aquilo com o qual o sujeito se satisfez deixou de ser satisfatório. Em todo caso, a demanda de análise e o desejo de análise por parte de um sujeito supõem uma insatisfação em relação à satisfação substitutiva. Caso se retome, a partir daí, o caso da perversão, a pergunta lógica que aparece é a seguinte: por que um sujeito vai procurar análise se a satisfação que ele obtém é direta e, portanto, não substitutiva? Dito de outro modo, no caso da perversão há um acesso direto ao gozo: o sujeito sabe o que é preciso para o seu gozo, e ele também sabe onde buscar.

É isso que resulta numa modalidade de busca de gozo que pode tomar a forma de espreitar o objeto, assim como se diz "espreitar a presa". Convém caracterizar aqui a relação do sujeito com o seu parceiro de gozo. Em primeiro lugar, existe um dispositivo fantasístico que o sujeito perverso aciona. É necessário, para tanto, a existência de uma cena que corresponda ao dispositivo da fantasia. Trata-se, na perversão, de adaptar a cena ao dispositivo fabricado pelo inconsciente; de fazer com que correspondam de um modo em que haja equivalência entre os personagens que dão vida à cena e o roteiro já programado na fantasia.

Ora, essa correspondência é muito sutil, e vai além da busca dos personagens que se adaptam ao roteiro já escrito. Tomemos o exemplo do voyeurista. O sujeito perverso toma todas as precauções para construir um roteiro que vai permitir que ele se

A PERVERSÃO E A MULHER

coloque numa posição que consiste em poder ver na sua vítima aquilo que ela não dá a ver, mas que ele acredita, imagina, que se pode ver. Isso quer dizer que há algo para além do ver. Trata-se de uma tentativa de ver o que aparece velado. É aí que se confirma uma diretriz na teoria de Lacan, mas que é dedutível a partir da clínica: a relação do sujeito perverso com o mais-de-gozar e com A mulher.

À luz dessa elaboração, se retomamos tanto a fórmula de Lacan segundo a qual a perversão é "onde o mais-de-gozar se desvela nuamente"[7] quanto esta outra, segundo a qual, na perversão, trata-se de haver "uma mulher não castrada"[8], percebe-se que elas são convergentes, que vão na direção de fazer existir A mulher conferindo-lhe o objeto mais-de-gozar que a ela falta. O voyeurista espreitando o seu objeto busca a emergência do olhar, olhar que faça existir o que não se vê nas bordas do que se vê.

Ora, deve-se levar em conta, na perspectiva que desenvolvemos aqui, uma fórmula do texto *Subversão do sujeito e dialética do desejo no inconsciente freudiano*[9], essencial para captar a questão da perversão. No referido texto, Lacan propõe uma diferença fundamental entre a neurose e a perversão numa perspectiva que inclui a relação do sujeito com o Outro e, portanto, a fantasia — assim como também a relação com o gozo. A sua proposição é a de que o perverso é aquele que imagina ser o Outro para assegurar seu gozo, ao passo que o neurótico

---

[7]LACAN, J. (1968-1969) *O seminário, livro 16: De um Outro ao outro.* Trad. V. Ribeiro. Rio de Janeiro: Editora Zahar, 2008, p. 23. (N. de T.)
[8]*Ibid.*, p. 284. (N. de T.)
[9]LACAN, J. (1960) Subversão do sujeito e dialética do desejo no inconsciente freudiano. *In*: LACAN, J. (1966) *Escritos.* Trad. V. Ribeiro. Rio de Janeiro: Editora Zahar, 1998, p. 807-842.

é o que se imagina ser um perverso para se assegurar do grande Outro. Quando Lacan afirma que o perverso imagina ser o Outro para assegurar seu gozo, a expressão "seu gozo" remete ao gozo do Outro, mas também ao gozo do sujeito. Assegurar o gozo do Outro é um modo de dizer que o sujeito perverso se apresenta como aquele que se propõe a completar o Outro no que se refere ao que vier a falhar em relação ao gozo. Assim, a ideia de Lacan é a de que, na medida em que o sujeito constrói um Outro ao qual não falta nada em relação ao gozo, o próprio sujeito, por conseguinte, tem acesso a um gozo absoluto. Digamos de outro modo: assegurando o gozo absoluto do Outro, o sujeito assegura para si o seu próprio gozo.

Isso faz com que esse tipo de formulações convirja com o evocado anteriormente, isto é, com a ideia de fazer com que A mulher exista e o fato de que o perverso vá se dedicar a oferecer o objeto mais de gozo à A mulher de modo a fazer com que essa exceção exista. Oferecendo-lhe os objetos que a ela podem faltar, o sujeito perverso faz d'A mulher de exceção uma mulher Toda. Se o estatuto de uma mulher, tal como aventa Lacan no seminário *Mais, ainda*[10], deve-se ao fato de que ela é Não-Toda, a perversão pode se definir como a tentativa de fazer com que a barra que atravessa o A desapareça, de modo que A mulher possa existir, e o perverso se coloca ao seu dispor.

Vejamos agora a questão da neurose, que Lacan coloca constantemente em oposição à perversão, como exemplifica a seguinte frase: "o neurótico [...] se imagin[a] perverso". Trata-se de uma questão fundamental: ser perverso não é o mesmo que

---

[10]LACAN, J. (1972-1973) *O seminário, livro 20: Mais, ainda*, 2ª ed. Trad. M.D. Magno. Rio de Janeiro: Editora Zahar, 1985, p. 103.

A PERVERSÃO E A MULHER

imaginar-se perverso — ou, para dizer de outro modo, não é perverso quem quer. Lacan diz: "o neurótico revela, ao se imaginar perverso, [que] ele [o faz] para se assegurar do Outro"[11]. De que o neurótico tem de assegurar-se? A ideia de assegurar-se vem de proteger-se, refugiar-se — e assim se capta a oposição. Na perversão trata-se de assegurar o Outro; na neurose é o próprio sujeito que trata de assegurar-se do Outro. Trata-se aí de proteger-se do desejo do Outro. Ora, o desejo do Outro constitui uma ameaça para o neurótico na medida em que o neurótico atribui um gozo a esse Outro desejante.

Essa atribuição é o resultado da interpretação da fantasia neurótica segundo a qual, com o seu desejo, o Outro aponta, em última instância, para o fato de querer gozar dele. A tese de Lacan é a de que o neurótico — e isso é uma definição da neurose — acredita que o Outro busca a sua castração. Então, essa concepção do texto *Subversão do sujeito e dialética do desejo* constitui o início de uma elaboração que encontra o seu ponto culminante a partir da elaboração da mulher como Não-Toda e o modo como Lacan aborda essa perspectiva segundo as estruturas clínicas.

No caso da neurose, o neurótico acredita na mulher. Tomemos esse exemplo que extraio da minha prática analítica, visto que me parece demostrar bem a especificidade da neurose e a diferença com a perversão e a psicose. Trata-se de um homem, bem-sucedido profissionalmente, que retoma a sua análise por causa de uma série de manifestações no corpo, que são claramente sintomas de conversão —muito claramente, ao

---

[11]LACAN, J. (1960) Subversão do sujeito e dialética do desejo no inconsciente freudiano. *In*: LACAN, J. (1966) *Escritos*. Trad. V. Ribeiro. Rio de Janeiro: Editora Zahar, 1998, p. 839. (N. de T.)

modo freudiano —; isto é, quando na transferência, na análise, ele se aproxima de pontos culminantes da sua vida, os seus sintomas ficam mais agudos. Eles se exacerbam, segundo a concepção clássica de Freud, em relação a um desejo proibido. Notemos, de passagem, que a ideia de desejos proibidos difere de um desejo clandestino. O desejo que comporta uma proibição inclui, portanto, a marca de uma lei. Trata-se, então, de um desejo marcado pela proibição. Cada vez que, na análise, o referido sujeito se aproxima da emergência de ideias ou afetos provenientes dessa região — ou seja, cada vez que se aproxima de um desejo proibido —, surgem dores pelo corpo, e depois essas dores se atenuam ou desaparecem noutros momentos, quando o sintoma se decifra com a interpretação dos significantes inconscientes. Ao mesmo tempo se pode verificar que as dores não desaparecem completamente, já que, seguindo determinadas conjunturas subjetivas, elas voltam — sendo, no entanto, cada vez menos enigmáticas — como efeito da experiência da análise que possibilitou a elucidação daquilo que, num primeiro momento, parecia opaco para o sujeito.

Esse analisante atravessou um momento muito difícil de sua vida quando a sua mulher anunciou que tinha um amante, o que suscitou nele, a partir de então, uma série de sonhos e fantasias que colocam em cena a questão da Outra mulher. Seu impasse subjetivo — que é coerente com o que desenvolvi até aqui — é que, para ele, a outra mulher está proibida, por uma questão que ele chama de "princípios". Seus princípios, na realidade, correspondem a um mandamento paradoxal da sua mãe. No momento em que sua mãe cai doente, já estando o pai morto — o paciente era muito jovem nessa época —, ela lhe diz: "aproveita a vida, não consigo mais". Essas palavras soam quase como

A PERVERSÃO E A MULHER

o testamento que ela deixa para o filho pouco tempo antes de morrer, e diante disso ele fica sem palavras. Ao silêncio com que recebe as palavras da mãe se sucederá o mandamento de uma voz que impele a gozar ao mesmo tempo que paralisa. A frase "não consigo mais", ele a interpreta como sendo a mãe quem já não consegue aproveitar mais.

Vê-se como uma frase, uma única — e inocente, inclusive —, da parte de uma mãe, é suficiente para envenenar a vida de um sujeito, e é o que o leva a fazer a articulação seguinte no decorrer da análise: "Como se pode aproveitar uma vida depois disso?" Isto é, trata-se de um sujeito neurótico e, portanto, fiel à maneira neurótica: quer dizer que, acima de tudo, trata-se, para ele, de ser fiel à mãe. Certamente isso também significa ser fiel à mulher; porém, na realidade, ele deixa de lado o seu gozo: o gozo permitido está do lado da sua mulher e ele adota uma posição de privação porque acredita na mãe, na sua mãe. Confirma-se clinicamente aqui a proposição de Lacan segundo a qual o neurótico retrocede essencialmente diante da assunção da castração do Outro. Esse sujeito prefere, antes mesmo, assumir a sua própria castração — que, por ora, convém designar como correspondendo à dimensão imaginária — do que reconhecer a falta no Outro. Reconhecer a falta no Outro é o que o levaria, sobretudo, a separar-se da palavra póstuma da mãe e a abandonar progressivamente a sua posição — que é a de total privação em relação ao gozo fálico. Em seu lugar, resta-lhe o gozo do sintoma.

Vejamos agora como se situa uma problemática semelhante, mas do lado da perversão, através de um caso de perversão extraído também da minha experiência clínica. Trata-se de um homem com uma atividade sexual transbordante, a respeito da qual a experiência da análise muito rapidamente evidenciará o estatuto de *acting out*. A percepção de que essa atividade está ligada à transferência se faz ainda mais clara para o sujeito pelo fato de que a sua sexualidade vai intervindo progressivamente de maneira especial depois de cada sessão. Produz-se, portanto, um primeiro nível de subjetivação, efeito da transferência, ainda que sem proporcionar ao sujeito, no entanto, um saber sobre o que motiva a sua ação. É assim que ele pode se dar conta de que — de um modo análogo ao caso comentado por Lacan, do paciente que sai da sessão e vai comer miolos frescos —, ele sai da sessão para dar uma volta por todas as saunas de Paris e ter encontros com parceiros do mesmo sexo, com os quais passa ao ato. Cabe acrescentar que isso não lhe provoca nenhuma satisfação particular; no entanto, ele não consegue se desfazer dessa compulsão, que consiste em passar ao ato sexual sempre do mesmo modo: anônimo e em conexão com os seus encontros com o analista.

Esse sujeito acessa, no decorrer da análise, uma cena crucial em sua vida; cena que até então ele havia relativizado, mas que, à luz da experiência da análise, ganha uma relevância completamente diferente, isto é, o sujeito se apercebe de que a referida cena constitui o fundo sobre o qual se dá uma série importante de acontecimentos da sua vida. A cena é a seguinte: ele está com 11 anos e lembra-se de já ter a percepção de gostar de homens como ele. Nesse contexto, seus pais levam-no a um bar, um lugar onde há militares se divertindo e mulheres de todas as idades — cuja finalidade é estar ali para divertir os militares. Lembra-se de como os dois pais, que participavam com ele da cena, embebedam-se e o empurram para dançar com uma bela moça que, supõe-se, deve divertir as pessoas que ali estão. A

A PERVERSÃO E A MULHER

moça entende o jogo e procura beijá-lo, o que lhe produz um asco profundo — e ele frisa que ainda está viva a lembrança traumática da cena. Mas, sem dúvida, o traumático dela redunda na reação de gozo dos pais, evidenciada pelo riso da mãe. Mais radicalmente, o que deixa marcado como uma cena traumática é o fato de que se verifica, nesse caso, aquilo que Lacan afirma em relação ao caso Gide, isto é, que a morte o marcou a ferro[12]. Em relação a Gide, Lacan se serve dessa metáfora para demostrar que é uma marca que é muito difícil de tirar. Que "a morte o marcou a ferro" se verifica em Gide, assim como em nosso caso, na impossibilidade de mobilizar o desejo. Não se trata do desejo de um desejo morto, como é o caso do obsessivo. Trata-se, sim, de o desejo estar morto — e toda tentativa do outro para reanimá-lo revela-se infrutífera. Estar marcado pela morte nos coloca no rastro de uma posição subjetiva que é a de não estar marcado pela vida. Seria possível sustentar que a morte deixa a sua marca indelével toda vez que o desejo do Outro não introduziu a sua marca no sujeito.

Mas que a morte produza uma marca não significa simplesmente que faltou ao sujeito a acolhida do desejo do Outro. A marca da morte supõe a existência de uma cena na qual se produz algo da mesma ordem que aquilo que Lacan, em relação a Gide, evoca como sendo a incidência negativa do desejo.

Na cena do sujeito que evocamos, aquilo que — de um modo análogo a Gide — deixa a marca a ferro da morte é o fato de que, perante o riso da mãe, o sujeito, dirigindo-se ao pai para solicitar sua reação, encontra como resposta apenas o

---

[12]LACAN, J. (1958) Juventude de Gide ou a letra e o desejo *In*: LACAN, J. (1966) *Escritos*. Rio de Janeiro: Jorge Zahar Ed., 1998, p. 768.

silêncio. O silêncio torna-se o sinal da cumplicidade do pai com o riso da mãe.

Qual é o interesse clínico desse caso? Ele reside, essencialmente, no fato de demostrar os efeitos subjetivos da carência paterna. Seria possível pensar, inclusive, a partir da cena relatada, que esse pai é o contraexemplo do que Lacan chamou de "cuidados paternos"[13]. É interessante observar que, no ano 1975, quando Lacan faz um retorno à questão da perversão, ele evoca, de um lado, a perversão em termos generalizados; e, ao mesmo tempo, aborda a questão do que é que seria um pai digno de respeito. É no contexto dessa questão que Lacan se refere ao pai modelo da virtude. O pai modelo da virtude seria o contrário do que o discurso corrente afirma como modelo do que deve ser o pai. O modelo corrente seria um pai sem desejo, sempre do lado da lei, sem nenhuma falha — numa só palavra, um pai imaculado, sem nenhuma mácula. Na contracorrente disso situa-se a posição de Lacan, que consiste em propor que aquilo que faz com que um pai seja digno de respeito é o fato de ele ser um pai da falta. Dito de outro modo, não é o pai assintomático que é o digno de respeito, mas sim, pelo contrário, um pai que banca o seu sintoma. Ademais, a questão central em Lacan para fazer, de um pai, um pai digno de respeito é considerar que ele é capaz de prestar cuidado paterno. Um pai moderno, que participa com sua mulher das mesmas tarefas, não significa cuidados paternos.

O cuidado paterno é justamente isto: um pai que inspire respeito. No caso do nosso analisante, a falta de interesse, por

---

[13]Cf. LACAN, J. (1974-1975) *Le séminaire, livre XXII: RSI*, sessão de 21 de janeiro de 1975 (inédito). (N. de T.)

A PERVERSÃO E A MULHER

parte do pai, em extrair o sujeito de uma posição anônima — condição para que ele seja desejante — encontra o seu ponto culminante na cena em que se coloca em jogo uma opção. O pai intervém negativizando o gozo da mãe ou se faz cúmplice disso. O pai elege, inconscientemente, essa posição. A cena teria podido ser banal, tirante o fato de que não o é para o sujeito, já que é a ela e a cada um de seus detalhes que ele volta ao longo da análise para extrair as consequências da escolha do pai. O pai se depara, sem saber, com uma encruzilhada. O modo como a resolve comporta consequências decisivas para seu filho. A marca que esse pai deixa no filho é a marca de um pai que não inspira respeito.

Segundo a concepção que Lacan introduz em 1975, a da virtude paterna, ela concerne a dois níveis. O primeiro se deduz da relação do pai com a mulher, quando ele propõe que o que conta é fazer de uma mulher a causa do seu desejo[14]. O segundo nível é a relação do pai com o sintoma, já que acrescenta: "pouco importa que ele tenha sintomas", isto é, a questão de um pai sintomático não entra no cômputo do respeito. E Lacan vai ainda mais longe quando afirma que "pouco importa que ele tenha sintomas, se a isso se acrescenta o da perversão paterna"[15].

Retomemos o primeiro nível que inclui duas dimensões. A primeira dimensão concerne ao fato de que o pai tenha encontrado a mulher que causa o desejo; por outro lado, de que ela consinta o desejo de fazê-lo pai. Dito de outro modo, isso inclui não só que uma mulher venha a ocupar o lugar de objeto

---

[14]Cf. LACAN, J. (1974-1975) *Le séminaire, livre XXII: RSI*, sessão de 21 de janeiro de 1975 (inédito). (N. de T.)
[15]*Idem*. (N. de T.)

a na fantasia do homem, mas que o próprio desejo dela esteja implicado no desejo de fazer, desse homem, um pai.

A segunda dimensão concerne de um modo direto à relação do pai com o filho, já que Lacan evoca que, para esse filho, o pai vai prestar cuidado paterno. Isso quer dizer que a questão fundamental é a de como um pai intervém no que se refere a regular o gozo dos filhos, que é a relação do filho com o gozo; mas, fundamentalmente, a operação paterna é a de operar uma separação sem a qual o desejo da mãe deixa uma marca no filho na forma de um gozo no corpo. O exemplo clínico evocado demonstra-o claramente. No momento em que se tratava de introduzir um "não" em relação ao gozo materno — o riso da mãe —, o que faltou para esse analisante foi uma palavra do pai que funcionasse como lei em relação a esse gozo.

Fica evidente a dupla causalidade quanto à relação com o gozo nesse sujeito. Em primeiro lugar, ela está determinada pelo imperativo de gozo materno. Fica claro que há um empuxo ao gozo do lado dessa mãe que toma, como objeto de seu próprio gozo — ao menos na cena do baile —, o próprio filho. Ela reclama um mais-de-gozar que apenas seu filho, posto na extrema dificuldade de ter de acessar o desejo de uma mulher diante do olhar da mãe, estaria em condições de satisfazer. O que se demonstra como impossível para ele é perceber que não está em condições de lhe proporcionar a referida satisfação.

Mas, para além disso, há outra dimensão que a análise permitiu que ele acessasse: é que, na realidade, provavelmente o desejo de sua mãe era de confrontá-lo com o fato de que ele não era capaz de satisfazer uma mulher. A nova interpretação que ele dá para a cena é a de que sua mãe o impelia à impotência. O desejo dela era que ele fosse impotente, o que era um

A PERVERSÃO E A MULHER

modo de assegurar-se de que não iria existir para o filho outra mulher além da mãe. Ao mesmo tempo nada funciona como obstáculo a esse imperativo. A indiferença do pai deixa o filho à mercê das reivindicações de gozo da mãe. Aqui se demonstra, como indicamos, o que é, para Lacan, a falta de cuidado paterno. A revelação contundente dessa carência traduz-se em relação à mãe, e é o que vai aparecer de um modo constante no decorrer da análise.

Esse sujeito vive numa cidade afastada da cidade onde mora a mãe — que, com o tempo, acaba ficando sozinha após separar-se do pai. Assim, indo visitá-la regularmente, ele se confronta com um dispositivo especial criado por ela; dispositivo frente ao qual o sujeito se sente obrigado a ceder, como sempre. As exigências dessa mãe consistem no fato de que, toda vez que o filho se desloca para encontrá-la, ele deve passar horas inteiras na sua companhia assistindo a um DVD. Ele formula muito claramente, em diferentes momentos da análise, a que posição deve se entregar: "estou no lugar de um parceiro para ela". E o que é essencial é a estratégia que ele se vê obrigado a fabricar para subtrair-se desse gozo insuportável ao qual se vê submetido. Notemos que subtrair-se não é o mesmo que assumir um "não" perante o gozo do Outro. Em razão ao "não" impossível de bancar, a saída que ele encontra é escapar por alguns momentos: pausa o DVD, vai se masturbar noutro quarto e, depois, volta para continuar suportando. Se ele não vai vê-la, como já aconteceu em certas ocasiões, ela cai num profundo estado de depressão.

Vê-se a estrutura do caso; ele está obrigado a ser o sujeito que se propõe como o objeto que completa a mãe, como o objeto capaz de tirá-la da depressão. Nesse sentido, evidencia-se que aquilo de que se trata é de completá-la propondo-se como o objeto de gozo do Outro. Se ele se subtrai, nada para ela parece digno de interesse; e o que, para o sujeito, é insuportável nem é tanto os momentos de queda do seu desejo, mas o fato de confrontar-se com uma mãe sem desejo. Além do mais, para essa mãe não se trata de outra coisa, a não ser não conseguir libidinizar outro objeto no mundo que não seja o próprio filho. Nesse caso, inclusive, ela vai mais longe, já que entra em episódios nos quais pode dar conta de uma posição baseada na perda total da autoestima. Sem entrar no diagnóstico de estrutura clínica da mãe, está claro que ela passa por momentos melancólicos.

O caso está longe de ser único, a ponto de caber observar este fato clínico patente que é a afinidade entre a melancolia de uma mãe e a perversão do filho. E isso vai no sentido da fórmula evocada anteriormente: "mulher santa, filho perverso". A melancolia estrutural ou os fenômenos melancólicos que revelam a ausência de desejo na mãe — de um desejo outro que não fosse pelo filho como objeto — traduzem-se na geração seguinte, segundo uma forma na qual o filho se propõe como o único objeto digno de satisfazer a mãe. Isso, às vezes, é determinante, e a incidência dessa conjuntura cristaliza-se em perversão do lado da criança.

Resta saber para o que a análise aponta nesse caso, o que se pode esperar e qual é a finalidade. Essa pergunta — que é válida para todo caso — justifica-se aqui, já que vai no sentido de justificar a legitimidade da psicanálise no caso da perversão.

Deduz-se que a proposta analítica está em função da conjuntura causal. O que levou esse sujeito para a análise, após vários anos de consentir a experiência, foi a intenção de se extrair desse gozo. Em primeiro lugar, poder separar-se da posição que consistiu em se propor como único objeto de gozo da mãe; e

A PERVERSÃO E A MULHER

concomitantemente, de um modo progressivo, isso foi dando lugar à colocação em andamento de uma atividade efeito da sublimação. Dito de outro modo, trata-se de um sujeito que foi se interessar pelo cinema, passando de uma posição passiva — de assistir DVD com a mãe — à uma posição em que ele próprio foi escrever roteiros de cinema. Seu interesse crescente pela escrita desses roteiros, e pela sua produção, veio acompanhado de uma indiferença progressiva pelo gozo anônimo que ele mobilizava nas saunas — e, portanto, de uma redução dos seus *acting-outs*.

O que parece claro nesse sujeito é que ele corresponde, rigorosamente, à abordagem de Lacan segundo a qual o sujeito perverso fornece esse mais-de-gozar ao Outro para que ele seja sem falha — isto é, ele banca, assume a responsabilidade de proporcionar ao Outro o que possa lhe faltar. Desse modo, ele o completa. O que caracteriza a mãe do analisante é que ela não está na posição da rainha que ordena ao seu súdito que lhe forneça o objeto de satisfação. Ela espera que o outro a satisfaça de um modo absoluto em sua relação com o gozo, isto é, ela se protege da falta, evita-a, porque para ela o que satura a falta é o filho. Seria possível afirmar que há certa fetichização do filho, já que ele vem a completá-la.

Convém, a respeito, introduzir uma distinção com a posição histérica. Verifica-se, em certos casos, que o lugar no qual se coloca o filho é o do fetiche. Só que o típico na histeria é trata--se de um fetiche insatisfatório. O desejo leva o sujeito histérico além, de modo que o filho como fetiche não resolve o impasse do seu desejo. À luz desse desenvolvimento, convém ressaltar, nesse caso, o fato de que, para ela, o filho como fetiche é uma solução. A melhor prova disso é que o afeto depressivo ligado à insatisfação aparece toda vez que o filho resvala desse lugar.

Isso demonstra que diferentes variantes são possíveis para que um filho ocupe o lugar de fetiche, e isso ser um fenômeno transitório ou ser uma condição indispensável para a mãe — como é nesse caso — não são a mesma coisa.

Poderíamos concluir aqui que a especificidade da perversão em relação à mulher consiste em fazer com que A mulher toda exista, o que deve se distinguir de tornar-se A mulher — que é o caso das psicoses, sobretudo na paranoia.

Isso demonstra, uma vez mais, por outra via, uma questão fundamental do diagnóstico diferencial. O perverso se faz parceiro do Outro. Ele precisa de um Outro em relação ao qual tomar posição. De fato isso se confirma na elaboração de Lacan em torno do afeto que o perverso produz no Outro, sobretudo a angústia. O perverso necessita da angústia do Outro. Isso é manifesto no sadismo, em que a vítima deve permanecer numa zona estreita que se localiza em fazer-se objeto do perverso, mas, ao mesmo tempo, encarnando o ser objeto numa permanência temporal. O sádico precisa da sua vítima para suscitar o gozo do Outro.

A partir de outra perspectiva, mas com a mesma finalidade, funciona o sujeito masoquista, já que o objetivo é também suscitar a angústia do Outro. Só que isso é possível, no seu caso, encarnando o lugar de objeto para o Outro.

Novamente se confirma a dimensão de que o perverso necessita de um parceiro. Não há perverso sem Outro; e, para convocar o Outro, ele precisa, na maioria dos casos, de um semelhante.

É diferente no caso da paranoia, em que o semelhante não é uma condição para o sujeito. A condição é a da existência de uma comunidade.

É o que Lacan demonstra com o caso Schreber, impelido a encarnar a mulher que falta aos homens. Se é certo que também

A PERVERSÃO E A MULHER

existe em Schreber a dimensão de um parceiro encarnado pelo Outro divino, a solução para o seu impasse se revela na encarnação da exceção em torno de uma comunidade.

Entre a perspectiva de encontrar Deus num futuro indeterminado e ser a mulher que falta em relação aos homens é possível, para Schreber, consentir uma posição na qual a parceria de gozo com o semelhante não é indispensável. Tudo aquilo de que ele precisa do outro é de um sustentáculo no amor, o que ele encontrou em sua mulher. Isso permite estabelecer dois eixos. De um lado, o eixo imaginário de amor com uma mulher em posição de dupla especular do sujeito. De outro, o eixo simbólico alterado — e, em seu lugar, cria-se um eixo de gozo na relação com Deus. Esta confere ao paranoico uma possibilidade que é a de uma saída que admite uma posição mais solitária, o que é incompatível com a perversão. Não tanto porque o perverso precise do parceiro sexual, como às vezes se acredita, mas sim porque o perverso, sem o semelhante, experimenta um encontro possível com a castração — o qual ele quer evitar.

Cumpre separar, nessa distinção, os casos de perversão nos quais a sublimação leva o sujeito a uma liberação quanto à necessidade da parceria com o semelhante, o que permite a eles o empenho numa posição fundamental que é a de criar A mulher que não existe.

Cabe fazer uma distinção fundamental com a neurose no que se refere ao encontro de corpos. Se, para o neurótico, o ato sexual é a hora da verdade — já que é o encontro com a castração —, na perversão é no corpo a corpo com o outro, onde os corpos se fundem, que o sujeito escapa da castração. Que isso seja só por um instante é o que se demonstra na obrigação de reiterar o ato. Quanto mais recorrente o ato, menos risco de encontrar a própria falta-a-ser.

Convém aqui retomar o tema que alguns pós-freudianos consideram como sendo o eixo da perversão a partir da articulação com a pulsão, definindo a perversão como a pulsão a céu aberto. A pulsão implica um dispositivo de armação da libido com uma finalidade de satisfação. A pulsão se estrutura. O termo "estruturação" remete aqui à captura da sexualidade através da linguagem; logo, à incidência da gramática em nível inconsciente. Existe, portanto, uma conexão entre a singularidade com a qual um sujeito habita a linguagem e o modo de viver a pulsão. Fazer menção à pulsão a céu aberto vai no sentido de indicar que o trajeto pulsional não inclui nenhum tipo de satisfação substitutiva. Nesse sentido, alguém poderia dizer que há algo da pulsão que se satisfaz de um modo direto, sem o obstáculo da linguagem, e seria isso o que se poderia chamar de "pulsão a céu aberto".

Pode-se entender que, se Lacan critica o uso da expressão "pulsão a céu aberto" na perversão, é para começar a mostrar que o caminho para a satisfação no sujeito perverso não é tão fácil. Essa era a concepção clássica, e Lacan tenta subvertê-la, pois ela parte do preconceito de que haveria um gozo maior no sujeito perverso — já que ele sabe qual é o gozo que lhe convém e, portanto, esse se torna mais acessível. Se Lacan objeta essa ideia é porque no perverso também há inibições, assim como angústias, o que já é um indício de que a pulsão não está a céu aberto. De fato, a sua fórmula da perversão como "onde o mais-de-gozar se desvela nuamente"[16] nos indica outra direção,

---

[16]LACAN, J. (1968-1969) *O seminário, livro 16: De um Outro ao outro.* Trad. V. Ribeiro. Rio de Janeiro: Editora Zahar, 2008, p. 23. (N. de T.)

A PERVERSÃO E A MULHER

pois não dá a ideia de que a satisfação seja muito mais acessível ao sujeito perverso. O mais-de-gozar desnudado indica, antes mesmo, que se trata de um gozo que não tem necessidade de passar pela decifração do inconsciente. Isso se evidencia no exemplo do voyeur. Com efeito, é aí que se pode perceber que o sujeito introduz o objeto "olhar" a céu aberto; a posição voyeurista consiste em introduzir o olhar ali onde não há olhar, tentando ver o que não existe. Nesse sentido, é legítimo afirmar que ele introduz o objeto "olhar", mas não se trata de uma questão que implica que se há de decifrar o inconsciente do sujeito. O sujeito sabe o que está fazendo; ele sabe o que lhe interessa e como buscá-lo. Trata-se, aí, de ir ver o que não se pode ver — o que não implica, necessariamente, estar em posição de confrontar-se com o proibido ou funcionar de modo transgressivo.

O que é essencial é que há uma convocação do objeto "olhar", porque trata-se de fazer ver o que, a princípio, não se pode ver. Essa perspectiva é solidária da ideia que indica que aquilo que está em jogo na perversão é dividir o outro; e que o resultado, em termos de afeto, é a angústia do outro — a qual é o sinal da divisão.

Percebe-se a distinção com o sujeito neurótico, que é quem assume a angústia — prefere ser ele o que se angustia. O perverso, pelo contrário, tenta reconstituir uma situação que antecede o momento da castração; ele tenta formar uma unidade com o Outro — de modo que não haja encontro com a castração — e, portanto, evitar a angústia e a falta.

Mas, ao mesmo tempo, reinstaurando o objeto, fazendo aparecer o objeto onde ele não está, o que se esclarece é a ideia da castração. Esclarece-se a ideia de uma falta possível e tenta-se fazer um, o que é uma diferença fundamental em relação à psicose. Nas psicoses o sujeito constitui o Um, no sentido em que ele é impelido a ser o Um. O sujeito se constitui como sendo a exceção. Na perversão, é na relação com o Outro que se fabrica uma exceção, de modo que a falta não exista.

No entanto, essa conclusão não nos permite afirmar com precisão se é possível ou não admitir, a partir da experiência da análise, a possibilidade da perversão feminina.

Quais são as proposições teóricas da psicanálise que permitem afirmar ou recusar a existência da perversão na mulher? Um novo percurso se impõe; percurso que exige um retorno à ideia que Freud e Lacan tiveram em relação ao caso de Freud conhecido como "a jovem homossexual". Esse será o nosso objetivo no próximo capítulo.

4

A perversão
feminina

As referências de Lacan à perversão feminina são escassas; e quando ele aventou uma afirmação sobre a possível existência dessa entidade, foi sem desdobrá-la em detalhes. Isso contrasta com a posição categórica que consistiu em propor a inexistência da perversão feminina fora da homossexualidade feminina. É o que justifica o nosso interesse em fazer um retorno ao caso da jovem homossexual de Freud, com a perspectiva de explorar a distinção entre perversão e neurose nesse caso e tentar elucidar a posição da psicanálise lacaniana em relação à perversão na mulher. Os elementos que Freud nos lega em relação a esse caso constituem um limite, sobretudo a partir da perspectiva da teoria lacaniana. Ao mesmo tempo, vale a pena trazê-los à luz, já que a distinção entre a neurose e a perversão, nesse caso, revela-se de grande interesse epistêmico.

Se nos guiarmos pela concepção lacaniana do sintoma como acontecimento corporal — o que é particularmente evidenciado

| 182 |

A PERVERSÃO E A PSICANÁLISE

nos casos de histeria —, podemos constatar imediatamente que essa não é a razão do início de análise da jovem homossexual. Uma primeira observação se impõe: nada permite aventar, nesse caso — como é o caso de todos os históricos clínicos que Freud remete à histeria —, que existe uma localização do sintoma em torno de um fenômeno do corpo. Nada permite aventar, tampouco, que esse caso demonstre a teoria do recalcamento de um ou mais significantes em nível inconsciente, dando lugar, em seu retorno, às manifestações do sintoma. Em termos freudianos, não se detecta nesse caso o recalcamento da representação. Não há nada disso na jovem homossexual, assim como tampouco uma encenação no inconsciente de uma intriga — o que é perceptível, por exemplo, nos sonhos de Dora. Isso implica a ausência de sinais positivos que permitam afirmar a histeria nesse caso.

Exclui-se, além disso, a possibilidade da neurose obsessiva, não havendo nenhum fenômeno que traduza um pensamento parasitado, atos compulsivos ou dúvida entre dois significantes. Indico aqui apenas o essencial, mas é evidente que nenhuma manifestação permitiria fazer o caso pender para o lado da neurose obsessiva. Segunda observação: não há nenhum sintoma que testemunhe uma neurose infantil. Para poder afirmar, de um modo decisivo, que se está na presença de um caso de neurose, cumpre poder testemunhar uma neurose infantil. Frequentemente, quem se vê confrontado com a clínica se serve do diagnóstico de neurose a partir da exclusão de fenômenos psicóticos, isto é, a neurose torna-se um diagnóstico por exclusão. Na ausência de fenômenos psicóticos, retém-se o diagnóstico de neurose. Mas quando é que se pode afirmar que se trata de uma neurose, e não somente utilizar esse diagnóstico quando os outros estão fora de questão? Pode-se — e, portanto,

A PERVERSÃO FEMININA

deve-se — afirmar a neurose de um modo positivo, e o modo positivo de afirmá-la é a existência da neurose infantil.

No caso da jovem homossexual não aparecem elementos que permitam concluir por uma neurose infantil: além do mais, para ela tudo é normal e está no melhor cenário possível. Contudo, não há nenhum indício que permita deduzir a forclusão do Nome-do-Pai. Portanto, a pergunta se impõe: de que se trata nesse caso? É a vida de uma jovenzinha que, inclusive, estava orientada pela perspectiva do Édipo traçada por Freud, a ponto de na adolescência ela tomar conta de crianças — sustentada, portanto, ao menos imaginariamente, pela perspectiva de esperar a promessa do falo de um substituto paterno. Tudo transcorre sem obstáculos até o momento em que se produz um virada aos 15 anos de idade. Há ali, repentinamente, uma mudança de orientação nela, o que se produz numa conjuntura bem precisa, pois coincide com o momento no qual sua mãe fica grávida do pai dela.

O material de que dispomos é o tratamento com Freud, com os comentários que este nos deixou, e que limitam o caso ao que ele pretende demostrar. Nesse sentido, pode-se entender por que Freud não faz, como noutros casos, um estudo exaustivo dos anos infantis. Freud tenta demostrar certos pontos da sua teoria sem necessariamente fazer desse caso um caso paradigmático. A ausência de elementos exige uma interpretação sobre o que Freud não explana nesse caso. Por outro lado, dispomos do comentário que Lacan nos deixa. Comecemos com o material de que se dispõe: há uma interpretação central no caso, que Freud frisa e que concerne ao sonho da jovem homossexual — sonho no qual aparece que, em algum momento, ela vai se casar e ter filhos. Trata-se de um sonho tido sob transferência;

e como todo sonho tido em análise, ele, em certa medida, se dirige ao analista. Freud interpreta esse sonho como sendo análogo à relação que a paciente tem com o pai, isto é, existe em Freud a ideia de que há um desejo no sujeito, um desejo que é o de enganar Freud. É daí que surge a questão central para o analista, a respeito das consequências que se abrem para a experiência da análise a partir do fato de sustentar que o sonho pode ser uma ficção. Isso abre a pergunta sobre se o inconsciente pode mentir do mesmo modo que o sonho mente.

A resolução para o aparente paradoxo — que consiste em sustentar que o sonho mente — passa pela necessidade de distinguir, seguindo Freud, entre sonho e inconsciente. O sonho, tal como Freud postula desde os primórdios, é a via régia para acessar o inconsciente. Isso implica a necessidade de fazer uma distinção entre um e outro: sonho e inconsciente. Que o sonho nos conduza ao inconsciente, isso não significa que um e outro sejam equivalentes; indica, isso sim, que o sonho nos conduz, mas não é o inconsciente. Com efeito, o sonho mente enquanto que o inconsciente, tal como aventa Lacan, não mente — visto que o inconsciente não faz semblante.

O sonho mente, pois é um misto do registro imaginário com o registro simbólico. Cada vez que uma formação do inconsciente, como é o caso do sonho, inclui uma articulação de linguagem, estamos na presença da fuga de um real — portanto, de um semblante. Daí a questão que se torna essencial é a seguinte: abalizar uma formação do inconsciente que ateste o real do inconsciente. Logicamente, isso é possível toda vez que se trate de uma formação que não inclua a possibilidade de remeter a uma nova significação — isto é, quando um significante não remeter a outro. É indispensável distinguir entre uma formação do inconsciente

A PERVERSÃO FEMININA

e o inconsciente. O inconsciente, ainda que estruturado como uma linguagem, é da ordem do real. Nesse sentido, ele tem um caráter irredutível que faz objeção à sua captura completa pelo imaginário e pelo simbólico. Daí surge a necessidade, que se constata como constante em Lacan, de distinguir o sonho como interpretação da interpretação analítica.

É assim que Lacan, no seminário *De um outro ao Outro*, introduz o que ele designa como interpretação *raisonnée*, arrazoada, como algo que corresponde à interpretação do analista, para distingui-la da interpretação através da qual o sonho tenta cifrar o gozo[1]. O sonho é uma elaboração e, portanto, comporta um nível de interpretação. Aquilo de que se trata na experiência da análise é retificar essa interpretação a partir de uma interpretação arrazoada. Acaso isso significa, então, que a análise fornece a razão ali onde ela desfalece? Não nos parece que seja isso o que Lacan tenta fazer valer. Antes mesmo, cumpre entender como interpretação arrazoada — seguindo a homofonia que o francês introduz entre *raison*, razão, e *resonne*, ressoa —, que a referida interpretação não oferece um saber suplementar, visto que o saber já está inscrito na modalidade de gozo do sujeito. Trata-se, através da interpretação, de fazer ressoar o real do sujeito, ou seja, o real sobre o qual uma formação do inconsciente fabricou um sentido.

Pode-se retomar aqui, então, o sonho como um engano. Freud assume a perspectiva que é a de considerar que, com esse sonho, o sujeito faz semblante. Poderíamos dizer também, que ele tenta seduzir Freud mostrando-lhe um sonho de Édipo

---

[1]LACAN, J. (1968-1969) *O seminário, livro 16: De um Outro ao outro*. Trad. V. Ribeiro. Rio de Janeiro: Editora Zahar, 2008, p. 193-ss — onde se optou por traduzir *"raisonné"* por "ponderada". (N. de T.)

feminino típico. É o que o leva, após um desenvolvimento, a sustentar que o sonho pode mentir; e é o que ele diz à paciente: "você está querendo fazer comigo o mesmo que fez com o seu pai", isto é, "querendo me enganar como engana o seu pai". Dito de outro modo, a interpretação de Freud testemunha a sua posição, que seria a de mostrar à jovem homossexual como ela procurou enganá-lo. Seria como se Freud lhe dissesse: "você está querendo me fazer acreditar que está numa posição heterossexual, quando, na realidade, trata-se é de uma homossexualidade".

Lacan vai criticar essa modalidade de interpretação, o que exige que se revise a concepção que os analistas têm da interpretação. Qual é a tese de Lacan? É a de que existe uma confusão, em Freud, entre o desejo do sujeito e a sua intenção. A ideia é que Freud interpretou a intenção, a qual é revelada com o que o analista devolve ao sujeito: "você está querendo me enganar". Não é falso. Além do mais, em certo sentido, é justo. Porém, distinguindo intenção e desejo, para o que é que se aponta? Para a necessidade constante, na experiência da análise, de levar conta a existência de dois planos: um é o do nível consciente — no qual se inclui o que está perto do consciente, mas que não é o desejo inconsciente, isso é a intenção. O desejo inconsciente, em contrapartida, corresponde a outro nível. O que está no nível consciente ou próximo do consciente é o imaginário; e o que é o desejo do sujeito, esse é o nível simbólico. A proximidade não é de contiguidade geográfica, mas sim de estrutura. O que está próximo do consciente é o que se acessa sem a necessidade de passar por uma formação de linguagem desconhecida para o sujeito ou a partir de um sonho, como no caso da jovem homossexual, para quem o sonho não inclui uma significação escondida: ela sonha com filhos, e isso é o que ela parece dar a entender a Freud. A significação escondida corresponde ao que, através da linguagem, se revela do inconsciente no curso da análise, e que requer a decifração do analista.

O que esse caso nos ensina é que a revelação do desejo por parte de Freud pode concernir à revelação de um desejo pré-consciente, o qual não afeta — e, portanto, não elucida — o desejo inconsciente.

Freud, interpretando desse modo e aportando um saber, diz uma verdade, mas uma verdade que concerne à intenção, o que limita os efeitos da interpretação — localizando-a em nível imaginário e descuidando do nível simbólico. Isto é, a interpretação analítica não toca a verdade singular em jogo para o sujeito. Ao ver a interpretação a partir dessa nova perspectiva, a crítica de Lacan é que Freud deslizou do simbólico para o imaginário. Freud coloca o engano a céu aberto. Aquilo de que se trata numa análise, às vezes, é deixar enganar-se, de modo que possa emergir o verdadeiro desejo inconsciente ligado ao simbólico.

A ideia de Lacan — válida não somente para esse caso, mas sim como concepção geral da interpretação — é a de que, quando se interpreta as intenções, se dá consistência a elas; fixa-se a demanda, cristalizando-a, e descuida-se do desejo. Dito de outro modo, o que Lacan traz à luz é que há um empuxo a fazer com que o desejo de Freud entre na jovem homossexual, quando se trata de deixá-lo em suspenso para que possa desdobrar-se no tratamento. A interrupção do tratamento não permitiu que se pudesse saber mais sobre esse desejo.

Cabe fazer outra observação que é central. Há nesse caso — tal como demostrou Freud, e Lacan sustentou —, uma intensa fixação ao pai. No entanto, isso não comporta, em si, nenhuma especificidade, já que é um traço comum entre a jovem homossexual e os outros casos de histeria de Freud. É uma questão constante em Freud; questão que Lacan estendeu desde o princípio até o final de seu obra, a ponto de a ela voltar, no final do seu ensino, para caracterizar a histeria a partir do amor pelo pai. Isso implica que, em caso de ausência desse traço, deve-se duvidar de uma possível histeria.

Há aqui uma verdadeira fronteira entre neurose e perversão, de um lado, e psicose, de outro. Na jovem homossexual, o discurso sobre o amor não inclui a dimensão da insatisfação. Uma vez passado o tempo da decepção em relação à promessa falida do falo proveniente do pai, um novo objeto de amor se constitui — objeto que encarna, de uma só vez, o amor e o gozo do sujeito. Desse modo, gozo e amor se conjugam no encontro do objeto encarnado pela Outra mulher. Se consideramos outra das definições clássicas da histeria em Lacan em relação ao desejo — na qual ele propõe que a especificidade concerne ao desejo de um desejo insatisfeito —, é difícil, ao menos com os elementos que Freud transmitiu com relação ao caso, fazer corresponder essa dimensão na jovem homossexual. Não se consegue isolar, ali, a dimensão de uma estratégia consistente em deixar o desejo insatisfeito — algo que, pelo contrário, a intriga histérica assinala.

Vamos agora à questão-chave que foi, para ela, o ponto de virada quanto à sua orientação sexual. Refiro-me aqui à mudança que se opera com relação à escolha do objeto amoroso. A jovenzinha toma conta de crianças e, repetidamente, dá sinais que indicavam que ela havia começado a se interessar por substitutos paternos. As crianças das quais cuida vem no lugar do falo prometido pelo pai. Mas essa dinâmica se interrompe, e não só pelo efeito de uma inibição. O que desencadeia essa frenagem no progresso é um virada relativa à promessa fálica. Ali onde a

A PERVERSÃO FEMININA

189

jovem esperava o falo do pai, isso se produz na realidade, mas do lado da mãe. Sua mãe fica grávida. Em vez dela, a criança, como substituto fálico, é dada à mãe. É a partir desse momento que se produz o que Lacan chama de "identificação" da jovem homossexual "com o pai"[2]. Uma vez que se produziu essa conjuntura — na qual o pai dá um filho não para ela, mas para a mãe — passa-se a outra modalidade, bastante particular, do desejo e do amor. Trata-se de um amor em que aquilo que é desejado é o que falta no Outro. A jovem sai da sua posição de estar suspensa à espera do falo que vem do Outro. Antes mesmo, a sua posição, a partir desse momento, caracteriza-se pelo fato da escolha de um parceiro no qual situa a falta, o que condiciona o amor. Passa então para uma posição na qual ela ama a falta localizada no Outro, e é nesse lugar que se coloca o falo. A partir daí constitui-se uma idealização no amor, idealização em que aquilo que aparece como idealizado é o falo que falta à mulher.

Há outra perspectiva — que é a que Lacan privilegia quando do seminário *A relação de objeto* — em que ele propõe uma definição da perversão como prevalência do imaginário. No caso da jovem homossexual, há uma dádiva simbólica. O que define a dádiva simbólica é que o pai dá um filho para a mulher. De certo modo, equivalente à teoria freudiana, aquilo de que se trata com essa dádiva simbólica é dar um falo. Nesse caso, a dádiva é dada à mãe, a partir do que a jovem homossexual imaginariamente modifica sua posição para se colocar no mesmo lugar antes ocupado pelo pai. Encontrando-se ali, recupera imaginariamente aquilo que o pai não lhe deu; ou seja: como o pai não lhe dá o

---

[2]LACAN, J. (1956-1957) *O seminário, livro 4: A relação de objeto*. Trad. D. D. Estrada. Rio de Janeiro: Editora Zahar, 1995, p. 110, 131. (N. de T.)

falo, é ela quem se coloca no lugar de dá-lo. Desse modo, assim como o pai, que dá o falo para uma mulher, segundo a mesma modalidade no amor, ela o dá, mas a outra mulher. Ademais, ela vai além do pai — ao menos é o que ela acredita —, já que demonstra para ele que, amando outra mulher, ela vai amar do jeito que acredita que um homem tem de amar uma mulher. Isso quer dizer que ela aperfeiçoa o modelo do pai. Entretanto, não o aperfeiçoa a fim de sustentar a causa paterna — o que é paradigmático da histeria. A jovem homossexual, aperfeiçoando o modelo de amor do pai, tenta demostrar-lhe os limites quanto à capacidade de amar. Portanto, o caso se ordena a partir de uma decepção — a de não receber o falo do pai —, e isso deixa lugar para um amor demonstrativo que Lacan chama de "amor viril".

Na mesma direção Lacan vai propor, no seminário *A angústia*[3], que existe uma afinidade entre a homossexualidade feminina e a privação do desejo. A privação do desejo adquire a forma de um amor demonstrativo. Dito de outro modo, aquilo de que se trata nesse seminário é uma retomada do caso da jovem homossexual, mas a partir de outra perspectiva: a perspectiva do falo absoluto.

O que Lacan afirma é que o falo absoluto, no caso da jovem homossexual, está inicialmente posto do lado do pai. Aí entramos numa diferença fundamental com a histeria. Tomemos o caso Dora. Dora está na posição de colocar o pai na posição de ser um pai impotente que necessita dela como complemento para se garantir na posição fálica. Dito de outro modo, Dora se coloca em posição de completar o pai, o que permite deduzir

---

[3]LACAN, J. (1962-1963) *O seminário, livro 10: A angústia*. Trad. V. Ribeiro. Rio de Janeiro: Editora Zahar, 2005.

A PERVERSÃO FEMININA

— segundo a concepção de Lacan — que, para Dora, o pai está castrado. Isso se traduz na modalidade do amor da histérica. Segundo Lacan, a histérica ama o homem morto ou castrado, o que significa que a condição do amor é voltar-se para um objeto que necessite do sujeito histérico para completar a falha.

É isso que vai dar lugar, em Lacan, à estrutura do discurso histérico; estrutura segundo a qual o sujeito que se ordene a partir desse discurso coloca o Outro em posição de Mestre. A histérica busca um mestre, mas contanto que seja ela o objeto precioso que o completa. É o que o discurso histérico formaliza. O sujeito histérico dirige-se ao Outro para que produza um saber sobre o objeto precioso que o sujeito encarna. De igual maneira, assumindo a posição de objeto, ela, a histérica, encarrega-se de indicar que a castração está do lado do Outro. Seguindo esse esquema, a histérica ama, mas ama o homem para quem ela constitui aquilo que a ele falta. Aqui se evidencia novamente uma outra dimensão do contraste com a jovem homossexual. Para esta, o pai é o falo absoluto; e por transposição, na modalidade de amor ela se volta para uma mulher — uma mulher para a qual ela proporciona o falo. A jovem homossexual não completa o pai e não adota a posição de cultivar o falo do pai, mais é ela quem assume a posição de dar o falo.

Dito de outro modo, o que constitui o centro da posição subjetiva na histeria é a resposta inconsciente à impotência do pai, o que se traduz, ao mesmo tempo, pela idealização do pai, e é correlativamente o que coloca este último no lugar de um ser carente. O pai tem o falo, mas, ao mesmo tempo, necessita de um sustentáculo. A estrutura histérica é a estrutura de um sujeito que vai sustentar a causa paterna. Toda a dialética de sua posição é demostrar que o Outro — o pai ou quem ocupe esse lugar — está castrado, mas ela é o objeto precioso que vai dar ao outro aquilo que lhe falta. Nessa dialética fica resumido o que Lacan vai definir, numa frase, com o que é o paradigma do par entre o histérico e o mestre castrado: a histérica procura um mestre, contanto que ele seja castrado. É unicamente assim que ela pode encarnar a falta do Outro. Em Dora, o pai tem o falo, mas necessita dela — ela é o objeto precioso que falta ao falo do pai. No caso da jovem homossexual, trata-se de um falo absoluto do lado do pai — é o que confirma a diferença entre a neurose e a perversão. A histérica sonha com o falo absoluto que seria o encontro de um gozo infinito.

Testemunhas disso são as formulações de um sujeito histérico em análise, para quem o amor não comporta nenhuma dúvida, já que ela está profundamente apaixonada por seu namorado; a sexualidade não suscita nenhuma indagação, já que ela também não está passando por nenhum tipo de dificuldade em nível sexual com ele. Tudo parece muito bem e, no entanto, ela afirma o seguinte: "como saber que o próximo homem não vai ser melhor que esse"? Fica exemplificado aqui o fato de que o falo, por definição, se permite o acesso a um gozo, também possui, ao mesmo tempo, uma vertente que o faz funcionar como obstáculo — ou, segundo as variantes clínicas, o falo pode manifestar-se escapulindo. Uma hora ele está seguro de que o tem; e, no instante seguinte, o sujeito se apercebe de que não era bem isso. Assim como no caso em que o sujeito histérico acredita possuí-lo através do homem com o qual está, isso não lhe impede de ter a fantasia de que ela vai possuir um falo que a fará completa de uma vez por todas.

Existe, portanto, um paradoxo ao abordar a questão do falo absoluto: o falo, por definição, sempre implica uma dimensão

A PERVERSÃO FEMININA

de falta — uma dimensão que é necessário consentir. O falo sem falta seria um falo sem decepção. A histérica sonha, acredita encontrá-lo em cada encontro amoroso, mas depois a decepção aparece. Em contrapartida, quando Lacan propõe que, para a jovem homossexual, o falo absoluto está do lado do pai, ali se vê que se trata de uma posição fantasística consistente que protege contra todo tipo de decepção — protege contra o que é a própria característica do desejo, que é a intermitência. Isso, no entanto, não protegeu a jovem homossexual da decepção. Ela experimentou a decepção, mas ali se produz uma mudança radical: não existe mais a crença de que um homem poderá lhe proporcionar o falo. Não há nenhuma indagação. Ela viu e concluiu. A decepção é derradeira, já que a saída que encontrou é que, a partir dali, é ela quem possui o falo absoluto.

Retomo a questão do desejo, já que ela demonstra de outro modo o que viemos desenvolvendo. Lacan pensa que, por definição, o desejo é intermitente e instável, o que é determinante na dificuldade, por parte do neurótico, de acreditar no desejo — afinal, como é que se vai acreditar naquilo que, por definição, ali está e logo depois escapa? Essa é a base da desconfiança neurótica. Ele não sabe se poderá contar com o seu desejo. A resolução que se opera no caso da jovem homossexual, e que se traduz em sua posição fantasística, permite, em contrapartida, o acesso a uma estabilidade subjetiva que não está dada pelo desejo, mas pela certeza de poder dar o falo ao outro — ao que se associa um afeto de certeza, já que ela concluiu, sabe o que quer para si e não dá sinais da falta-a-ser que são específicos da neurose.

A série de indícios aventados até aqui vai na direção de demonstrar que não se trata de um caso de histeria, e sim que a sua posição é compatível com a perversão. O que vai na direção da perversão não é, obviamente, a escolha homossexual, mas a modalidade do amor e a sua conjunção com o desejo e o gozo, excluindo toda e qualquer possibilidade de falta-a-ser. Não se trata, para ela, apenas de uma modalidade de relação com o Outro, mas que o seu ser de mulher está completamente implicado numa posição de sacrifício. Poderíamos dizer que a sua posição é a consequência de ter formulado: "já que não me deram o falo, o que me resta?". O resultado, num primeiro momento, vai ser o ressentimento e a vingança — os quais, entretanto, não dão lugar a uma reivindicação. Percebe-se, assim, que não se trata, como na histeria, de uma reivindicação fálica que clama formalmente o *Penisneid*, a inveja do pênis. A reivindicação é o protesto de que algo falta de modo injusto. É a passagem, em termos de afeto, ao que subjetivamente é percebido como uma injustiça. Existe também uma injustiça no caso da jovem homossexual; uma injustiça que não se traduz em reivindicação, mas se resolve através do amor por outra mulher. A jovem homossexual transforma-se no cavalheiro servil; dito de outra forma, ela consegue assumir o falo absoluto do pai, para proporcioná-lo à Outra mulher — e, a partir desse momento, a sua posição se sustenta numa certeza indefectível.

Encarnar o falo absoluto é outra coisa que não a intriga histérica. A intriga histérica é fazer valer, através das formações do inconsciente, de um modo enigmático e que requer uma decifração, a seguinte pergunta: "o que quer uma mulher?". Nada que vá nessa direção aparece na jovem homossexual. Inclusive, o sonho que ela traz para Freud, ainda que seja um sonho de transferência, não é um sonho de intriga; além do mais, é um sonho que comporta uma coordenada explícita e comporta uma certeza.

A PERVERSÃO FEMININA

Ali onde a histérica, em seus sonhos, convoca a série de mulheres para declinar uma modalidade do ser que pudesse responder ao que seria uma mulher, a jovem homossexual já encontrou a resposta. Bastou-lhe um sonho para encontrá-la, e ela poderia ser traduzida assim: "eu sei qual é a outra mulher e, portanto, a minha função é ocupar-me de amá-la", isto é, há um saber, como se dizia na posição perversa, um saber inamovível sobre o que se deseja. Nesse sentido, não tem necessidade de embaraçar-se com a análise para saber o que deseja.

Recapitulemos. Existe na jovem homossexual um ponto comum com a estrutura histérica. Poderíamos pensar que, dado que ela está na expectativa de receber um filho do pai, isso a coloca numa posição análoga à do sujeito histérico. Restam dúvidas sobre o caso porque não existe, em Freud, um desenvolvimento clínico apresentando-o a partir de uma centralização nas coordenadas da neurose infantil, nem permitindo seguir a linha do sintoma. Por exemplo: a jovem homossexual tinha sintomas? Não aparece no relato de Freud; não existe um significante de sintoma na transferência; e tal como está estruturada a apresentação, ela nos leva a pensar que a posição subjetiva da jovem homossexual não é a mesma que a de um caso de histeria.

Nada nela aparece ocupando a função de uma localização de gozo no corpo, efeito de um desejo recalcado. Trata-se, no caso da jovem homossexual, de uma saída a partir de um amor decidido. Mas uma saída de quê? Qual foi o seu enigma? Eis o ponto desconcertante do caso, que começa com o desejo do Outro, isto é, dos pais — pais que formulam a demanda de análise a Freud a fim de encontrar uma via para normalizar o desejo do sujeito. É, de fato, nessa direção que se pode convocar

A PERVERSÃO E A PSICANÁLISE

a afirmação de Lacan quando ele sustenta que esse amor tão decidido na homossexualidade feminina faz com que a análise fique em seus balbucios. Que fique em seus balbucios indica que existe um obstáculo ao avanço da análise. A razão é que o amor funciona como um sólido anteparo diante da falta. O sujeito evita, desse modo, o encontro com a falta-a-ser. No fim das contas, o que faz com que um sujeito chegue à análise e dê continuidade a ela é a sua relação com a falta-a-ser. Deduz-se aqui que o amor pode funcionar como um impedimento à resolução do desejo. Cabe dizer que se trata de uma questão que não é específica da homossexualidade feminina, já que, num sentido mais amplo, constatam-se na clínica analítica casos de saída prematura da análise pela certeza de haver encontrado o objeto de amor. De fato isso se verifica, sobretudo na histeria — em que repentinamente o sujeito, após o encontro amoroso, adquire a certeza de que se trata do amor da sua vida. O amor constitui barreira ao desejo e é, sem dúvida, a razão pela qual Freud sugeria que a cura não deve advir demasiado prematuramente. A solução pelo amor comporta como risco não haver elucidado o desejo, ou tê-lo feito de um modo parcial.

No caso da jovem homossexual não se trata de um amor por um parceiro encontrado logo no início do tratamento. Portanto, não é uma saída de transferência a partir de um amor que constitui barreira ao desejo. A jovem homossexual encontrou A mulher do amor antes do início do análise; e, se ela chega à análise, não é por um fracasso do amor, mas pelo intento dos pais de normalizar o desejo da analisante.

Existe, por outro lado, uma formulação de Lacan no seminário ...*Ou pior*, na lição de 8 de dezembro de 1971, no qual ele aventa que apenas a homossexual "sustenta o discurso sexual

A PERVERSÃO FEMININA

com toda a segurança" — ao que acrescenta: "elas não correm o risco de tomar o falo por um significante"[4].

Cumpre diferenciar, nessa fórmula, o não arriscar-se — relativo à homossexualidade — da certeza do sujeito transexual, que também evita tomar o falo como significante. Na homossexualidade perversa, a ideia de Lacan de não arriscar-se permite distinguir uma posição na qual o sujeito sabe que o falo é um significante, mas que é preferível não correr o risco de se confrontar com os seus fracassos.

No transexualismo o sujeito não toma o falo como significante, e sim faz coincidir o órgão com o falo — e daí surge a convicção de adquirir o órgão que falta.

Noutros termos, aquilo a que Lacan se refere na homossexualidade feminina na perversão é a uma escolha de parceiro sexual — uma mulher elege uma mulher —, uma escolha segundo a qual aquilo que se exclui é a referência ao falo. É a exclusão do falo no encontro de corpos e, ao mesmo tempo, uma preeminência dada ao falo no amor, já que a homossexual encarna o paradigma de dar o que não se tem. Seria algo assim: a mulher que elege a mulher consegue fazer a sutura entre a linguagem e o objeto sexual de um modo que não deixa nenhuma ambiguidade. O objeto é o que se elegeu, e isso afasta o sujeito de qualquer possibilidade de dúvida — o que seria o caso, se o falo fosse um significante. É, por isso, que para Lacan isso amputa à homossexual o recurso ao discurso analítico. Em lugar de interrogar o gozo feminino, a homossexualidade aparece como resposta. É uma resposta do lado do amor.

---

[4] LACAN, J. (1971-1972) *O seminário, livro 19: ...ou pior*. Trad. V. Ribeiro. Rio de Janeiro: Editora Zahar, 2012, p. 17.

A PERVERSÃO E A PSICANÁLISE

Dito de outro modo, para Lacan existiria uma incompatibilidade entre a verdadeira homossexualidade feminina e o discurso analítico. Se o que faz possível a existência do discurso analítico é a suposição do amor e a interrogação do gozo — o que se traduz em enigma quanto ao desejo —, a incompatibilidade encarnada pela homossexualidade feminina seria relativa àqueles casos em que o amor não é suposto, e sim em que há certeza, e em que o gozo não é interrogação.

É a concepção que Lacan começa a desdobrar em seu seminário *O desejo e sua interpretação*, em que propõe que a jovem homossexual é o falo, mas enquanto objeto interno da mãe[5]. Portanto, antes da sua elaboração sobre o objeto *a*, Lacan se refere assim ao que não é da ordem do significante, nem tampouco do objeto enquanto parceiro do sujeito.

Como se reconhece isso nesse caso? Seguindo a proposta de Lacan no seminário *A angústia*, com o *niederkommen*, o deixar-se cair[6]. A passagem ao ato suicida da jovem homossexual corresponde a uma identificação com o falo. A jovem homossexual torna-se o falo no momento em que se faz cair.

Ela encarna o falo nesse momento, na medida em que tenta dar ao Outro, o seu amante, o supremo, o que encarna o máximo do amor, ao mesmo tempo em que ela não o tem. Com esse ato, que se revela uma passagem ao ato, a jovem homossexual eleva o seu amante ao ponto culminante da idealização.

Quer sendo o falo ou proporcionando-o a Outra mulher, concebe-se a sutura que isso implica quanto ao desejo e sua

---

[5]LACAN, J. (1958-1959) *O seminário, livro 6: O desejo e sua interpretação*. Trad. C. Berliner. Rio de Janeiro: Editora Zahar, 2016, p. 496.
[6]LACAN, J. (1962-1963) *O seminário, livro 10: A angústia*. Trad. V. Ribeiro. Rio de Janeiro: Editora Zahar, 2005, p. 124, 129. (N. de T.)

A PERVERSÃO FEMININA

interrogação. Compreende-se, ao mesmo tempo, por que em certo número de casos — que não preparam uma saída homossexual — ela se torna a solução perante a instabilidade do desejo e a decepção reiterada quanto a encarnar o falo para o Outro. Dito de outro modo, escondem-se detrás de uma posição — às vezes, inclusive, bastante estabilizada — casos de homossexualidade feminina que não são relativos à perversão, mas sim à histeria.

Seria uma negligência não mencionar aqui os casos em que a homossexualidade corresponde a uma estratégia de evitar toda e qualquer mediação fálica — o que constitui uma suspeita de psicose.

Concluímos, portanto, que não é a homossexualidade que constitui a essência de uma estrutura clínica. A homossexualidade feminina é múltipla; e, ao mesmo tempo, o que se extrai do caso da jovem homossexual é fundamental para distinguir a homossexualidade na perversão da homossexualidade neurótica ou a homossexualidade nas psicoses.

5

O objeto ✂ na clínica da perversão

A elaboração de Lacan no seminário *De um outro ao Outro*, dá lugar a uma definição da perversão que exige um desenvolvimento especial. Em 22 de janeiro de 1969 ele aventa o seguinte: "devolver o *a* àquele de quem ele provém, o grande Outro, é a essência da perversão"[1]. A pergunta que se impõe é a de saber qual é a tradução clínica dessa fórmula. É o que nos propomos a desdobrar neste capítulo, retomando as diferenças entre o caso Dora e a jovem homossexual.

Começo com a interpretação dos sonhos no caso Dora, à luz do aventado em relação ao sonho da jovem homossexual. Os sonhos em Dora, que são paradigmáticos da histeria — não no sentido do conteúdo, mas quanto ao cifrado em linguagem

---

[1]LACAN, J. (1968-1969) *O seminário, livro 16: De um Outro ao outro*. Trad. V. Ribeiro. Rio de Janeiro: Editora Zahar, 2008, p. 292.

do desejo recalcado —, são sonhos de transferência que têm como destinatário um sujeito saber decifrar o desejo determinante desses sonhos. Isso quer dizer que eles são um chamado à interpretação do analista. Em contrapartida, na jovem homossexual o desejo não é da ordem do recalcado: ela sabe o que quer, e os sonhos não se dirigem a um sujeito suposto saber. O sonho, nesse caso, é mais da ordem de uma mostração. Além disso, como o saber está de seu lado, o que ela não consegue obter de um modo, realiza de outro. O conteúdo do seu sonho não esconde uma opacidade subjetiva. Por isso, tal como Lacan formula no seminário *A angústia*, toda a aventura da jovem homossexual é da ordem de um *acting out*, uma mostração destinada ao pai com a finalidade de se fazer reconhecer por ele como uma jovem apta a possuir o falo. Se, então, todo o primeiro tempo após a decepção está guiado por um *acting out*, o momento conclusivo desse *acting out* é uma passagem ao ato. A passagem ao ato é a resolução de gozo diante do impasse do *acting-out*. Logo, no encontro com Freud, o sonho aponta para fazer-se reconhecer por Freud.

Cumpre ressaltar essa dimensão da passagem ao ato, ponto central na mudança de elaboração de Lacan, já que é a partir dessa modalidade de passagem ao ato que Lacan fala de prevalência do objeto *a* no caso da perversão e em referência à jovem homossexual. Isso quer dizer que Lacan salienta a prevalência da passagem ao ato na perversão. Ele se refere à afinidade entre essa estrutura clínica e a tendência ao ato. Com efeito, foi suficiente a conjuntura do encontro com o olhar enojado do pai — na situação em que ela está na companhia de sua parceira, o que a coloca numa posição de embaraço — para que a jovem homossexual abandone a cena. É assim que ela se

O OBJETO *a* NA CLÍNICA DA PERVERSÃO

deixa cair, utilizando assim um significante, *niederkommen*, que indica simultaneamente deixar cair e dar à luz um filho. Lacan retoma isso para demostrar a ambiguidade da expressão, algo que permite entrever que aquilo que ela esperava do pai, de um modo simbólico, e não pôde obter, ela o realiza — não através da reivindicação do falo, mas por intermédio da passagem ao ato. Deixar-se cair é o ato pelo qual ela opera a realização do desejo de receber um filho do pai.

Isso nos leva a outro ponto importante — e é o que permite afirmar que a estrutura da passagem ao ato ilustra que o sujeito se torna objeto *a* —: a proposição de Lacan que define a passagem ao ato como uma exclusão do simbólico. Tal como ele define no seminário *A angústia*, é uma saída da cena para passar ao mundo, o que é um modo de afirmar que o sujeito se coloca para fora do discurso para produzir uma realização de gozo. A extração da cena — o colocar-se para fora do discurso — implica, portanto, um abandono da posição como sujeito dividido. Renuncia-se a permanecer na dimensão de sujeito, e é por isso que é legítimo afirmar que o sujeito se faz objeto. Fazer-se objeto *a* na cena e excluir-se concerne a todo o conjunto das estruturas clínicas, com mais afinidade com umas, decerto, do que com outras.

É assim que a neurose não implica uma incompatibilidade com a passagem ao ato, o que também se evidencia na perversão; porém, é fundamentalmente na psicose que se constata a afinidade. Portanto, a passagem ao ato da jovem homossexual não revela uma estrutura específica, somente permite afirmar que aquilo de que se trata é uma passagem ao ato. Por outro lado, essa passagem ao ato comporta uma dimensão própria que é a de ser um ato pelo qual o sujeito tenta um suicídio, o que é comum com toda passagem ao ato suicida. Portanto, seguindo a elaboração de Lacan nesse seminário sobre a angústia e sobre a base da passagem ao ato melancólico — segundo o qual o sujeito se torna objeto *a* —, impõe-se a distinção entre o objeto *a* na perversão e fazer-se objeto *a* na psicose. Na mesma perspectiva cabe incluir, nessa série, a relação com o objeto *a* do lado do analista, visto que o analista, no dispositivo analítico, ocupa o lugar do objeto *a* para o analisante.

No caso da jovem homossexual, o mérito de Lacan foi ter demostrado a conjuntura da passagem ao ato, isto é, as condições que levam à sua efetuação — que são o embaraço produzido pelo encontro com o olhar do pai e a emoção diante das palavras da dama dirigidas à jovem no momento prévio à passagem ato. O que faz com que o olhar do pai seja embaraçador é que esse olhar não permite ao sujeito encontrar nenhum refúgio. Não há mediação alguma entre o olhar do pai e a jovem homossexual. O olhar do pai desnuda a relação da jovem homossexual com outra mulher, e já não há como encobri-la. É por isso que Lacan define o embaraço como sendo um significante em demasia. Trata-se da presentificação de um excesso que não deixa ao sujeito nenhuma escapatória. Perante o olhar que interroga, o sujeito não consegue mobilizar a palavra.

Acrescenta-se a isso a emoção provocada pelas palavras da Outra mulher que participa da cena, e que significa para ela a necessidade de pôr um fim à aventura.

O embaraço e a emoção constituem o propulsor da passagem ao ato sem adquirir o estatuto de especificidade em relação a uma estrutura clínica. Eles são o propulsor de toda passagem ao ato.

Não são, portanto, nem as condições, nem a modalidade da passagem ao ato que permitem isolar um diagnóstico. É por isso que a passagem ao ato, em si, deixa sem diferenciar a perversão da neurose e da psicose, e é antes mesmo o modo de tratamento da falta que permitirá fazer uma clínica diferencial. Na neurose, a passagem ao ato se produz sobre um fundo de articulação significante; na psicose, trata-se de uma recusa da falta. Frente a opção de prosseguir através do sustentáculo significante, o sujeito elege a recusa da linguagem. Na perversão, o característico é colocar objetos no lugar da falta. Desse modo, a passagem ao ato sobrevém ante a impossibilidade de cobrir a falta com um objeto.

Se, no caso da jovem homossexual — após a conjuntura que culmina na decepção: o filho dado à mãe —, ela ocupa imaginariamente o lugar do pai e encontra uma mulher a quem amar, é porque é assim que ela se coloca no lugar daquele ou daquela que o tem — e que, portanto, pode dá-lo —; coloca-se, ao mesmo tempo, na posição de que, como tem algo, pode sacrificá-lo. A histérica, em sua posição — que é a de cultivar a falta para mostrar o irredutível da relação sexual e, portanto, o impossível da perfeita união —, sustenta-se num "dizer que não", ao menos num ponto, a fim de demostrar em ato que a união perfeita não existe — o que, no entanto, não a impede de sonhar. A jovem homossexual, nesse sentido, demonstra que não vai na via da histeria. A sua encenação da relação de amor sob os olhos do pai — o que Lacan correlaciona com um *acting out* e, depois, à saída do mundo em que a passagem ao ato consiste — nos dão os indícios de uma primeira tentativa de solução através do imaginário, e que elucida por que Lacan fala que na perversão trata-se de uma prevalência do imaginário, tal como afirma que na perversão trata-se de uma metonímia. O fracasso da solução imaginária é o que dá lugar à extração do sujeito da cena, o que desemboca na passagem ao ato.

Entremos mais em detalhe no que se pode entender quanto à perversão como metonímia. Lacan faz essa formulação no mesmo período em que aventa que o sintoma é metáfora. O sintoma como metáfora é coerente com a proposição freudiana de que na neurose há uma satisfação substitutiva. A metáfora — um significante no lugar de outro — implica, portanto, uma satisfação no lugar de outra. O paradigma do sintoma como metáfora se evidencia na histeria. A satisfação do desejo é substituída pela satisfação — ainda que essa adote um caráter negativo, como no sofrimento — do sintoma.

Na perversão, em contrapartida, não se trata de substituição, o que exclui a constituição de um sintoma que adote a forma de uma metáfora. Antes mesmo, o que se evidencia é o deslocamento do objeto. Passa-se de um objeto a outro sem ter abandonado completamente o primeiro, o que constitui a diferença fundamental com a metáfora — que supõe uma passagem de um a outro, mas sem retorno ao primeiro. A solução imaginária, no caso da jovem homossexual, está condicionada pelo apropriar-se imaginariamente do falo e colocar-se na posição de acreditar que é ela quem pode oferecê-lo à dama com a qual tem a relação de amor. Lacan diz isso noutros termos quando evoca a perversão no seminário *A relação de objeto*[2], como molde segundo o qual o que se valoriza é a imagem. Percebe-se novamente a coerência dessa concepção. A perversão como molde no qual se valoriza a imagem — ou a prevalência do imaginário, segundo a formulação mais tardia — remete à ideia de que o prevalente é o deslocamento de uma imagem

---

[2]LACAN, J. (1956-1957) *O seminário, livro 4: A relação de objeto*. Trad. D. D. Estrada. Rio de Janeiro: Editora Zahar, 1995, p. 167.

O OBJETO *a* NA CLÍNICA DA PERVERSÃO

a outra seguindo uma linha segundo a qual o sujeito desliza em função do que o cativa.

Para finalizar aqui com o caso da jovem homossexual, a partir do momento em que se produz a decepção — o pai não conceder a dádiva simbólica —, o pai se transforma, para ela, num pai imaginário. Isso é o que demonstra, de um modo muito claro, a diferença radical com a histeria, na qual o pai sempre é mantido no lugar simbólico — e quando o pai sai do lugar simbólico, é a histérica quem torna a colocá-lo no seu lugar. Constata-se, assim, uma oposição segundo a qual, no caso da jovem homossexual, o pai do simbólico passa para o imaginário; enquanto que no caso de Dora, paradigma da histeria, toda vez que o pai passa para uma posição imaginária, ela o sustenta, restabelecendo o eixo simbólico. Lacan frisa isso de um modo ainda mais nítido quando afirma que a histérica "faz o homem". Isso remete ao fato de que é a histérica quem fabrica o homem. Além do mais, ela exige de um homem que ele seja um verdadeiro homem. Daí surge o que poderíamos chamar de "dizer histérico", que se deduz de seus ditos em relação ao homem que ela adota como possuidor do falo. Seu dizer seria: "mostre-me que você é homem".

Convém retomar aqui as consequências, para a experiência analítica, da relação da perversão com o objeto *a*, de um lado; e com o sujeito suposto saber, de outro. Cabe mencionar, em primeiro lugar, uma primeira consequência que é relativa à entrada em análise. Seria possível afirmar, em relação ao dispositivo analítico, que há uma dimensão de competição entre o perverso e o analista. É claro que o analista não entra em concorrência com o sujeito perverso. Aquilo de que se trata é uma concorrência lógica, já que o dispositivo analítico implica que um dos integrantes do par analisante-analista ocupe o lugar de sujeito e o outro, o lugar de objeto. Na medida em que a posição mais afim ao sujeito perverso é a de ocupar o lugar de objeto, deixando o outro em posição de sujeito dividido, pode-se entender que a sua estratégia consiste, de modo constante, numa intenção de desalojar o Outro da posição de objeto. Desse modo, isso constitui logicamente um obstáculo ao analista se colocar nesse lugar. Nesse sentido, cabe dizer que se trata de uma competição, competição para ocupar o lugar de objeto no discurso analítico. É claro que, para o analista, não se trata de levar a cabo uma luta por puro prestígio, já que, em todo caso, não é isso que permitirá sair desse obstáculo lógico. Ademais, encaminhar a análise nessa perspectiva é assegurar o seu estancamento. Tampouco se trata de enunciar uma regra a ser respeitada na forma de uma instrução, nem de um pacto entre o analista e o sujeito. Aquilo de que se trata é, antes mesmo, um pacto com o inconsciente do sujeito. O manejo da transferência, portanto, deve sutilmente tender a mostrar ao sujeito que o lugar do objeto *a* corresponde ao lugar do analista. Daí o fato de que a política do tratamento deve se orientar através dos semblantes necessários que permitam ao sujeito consentir deixar o lugar de objeto ao Outro — e desdobrar, assim, a cadeia significante inconsciente.

Sigamos aqui o pensamento de Lacan, que distribui os lugares no discurso analítico colocando do lado do objeto *a* o analista e, do lado do sujeito dividido, o analisante. Isso nos conduz à ideia de que é na medida em que o analista ocupa o lugar do objeto *a* que uma operação é possível: uma operação segundo a qual o sujeito pode produzir os significantes que Lacan chamou de "significantes-mestres" da sua história — aqueles que vão guiá-lo na sua existência. Seria possível, então, resumir da seguinte maneira: aventar a ideia de que o analista deva vir no

O OBJETO *a* NA CLÍNICA DA PERVERSÃO

lugar de objeto — e o analisante, no lugar de sujeito dividido — é exatamente o contrário do que o sujeito perverso propõe. Na fantasia perversa que Lacan aventa no texto *Kant com Sade*[3] trata-se do sujeito perverso em posição de objeto e do parceiro em posição de sujeito; e com isso se percebe uma analogia quanto ao lugar que o analista e o perverso ocupam em relação ao outro. Um sujeito que está em posição de objeto não é alguém suscetível a ceder ao analista o lugar da suposição de saber, por isso há certa lógica em afirmar certa reticência em considerar a possibilidade de análise no sujeito perverso. Existe uma objeção lógica ao discurso analítico na perversão, na medida em que a necessidade do discurso analítico requer que o semblante de objeto *a* se situe do lado do analista.

O que funda a suposição de saber — e constitui, então, o sujeito suposto saber para um analisante — é o intervalo entre o saber que se dispõe sobre o gozo e a satisfação que, na realidade, se obtém. O ponto é que é nesse intervalo que se pode instalar uma pergunta, pergunta que constitui um empuxo a saber qual é a razão dessa falha entre o saber e a satisfação. No caso do sujeito perverso, essa dimensão de separação entre o saber e a satisfação está completamente reduzida, na medida em que estruturalmente ele sabe qual é o gozo que lhe falta e como obtê-lo — o que não facilita nem a demanda de análise, nem sua continuação, no caso de o sujeito ter inicialmente dirigido a sua demanda a um analista. É fato, no entanto — como sustentei até aqui, através de exemplos que não são únicos —, que há sujeitos perversos em análise, o que justifica a pergunta:

[3] LACAN, J. (1963) Kant com Sade In: LACAN, J. (1966) *Escritos*. Trad. V. Ribeiro. Rio de Janeiro: Editora Zahar, 1998, pp. 776-803.

o que é que faz com que esses sujeitos perversos estejam em análise e permaneçam o tempo de uma análise?

Evoquei também a necessidade, para o perverso, de assegurar a permanência do gozo do Outro; e, por isso, um dos aspectos sobre os quais insisti é que aquilo que caracteriza a perversão é que o sujeito perverso encarrega-se do objeto e, portanto, faz-se caução do gozo do Outro. É uma garantia que não se sustenta numa crença. Trata-se não da crença de que o gozo absoluto existe — como no caso da neurose —, mas de uma garantia que está dada pela presentificação do objeto. A partir dessa perspectiva intui-se que a lógica perversa engendra uma certeza subjetiva. O que o perverso instaura, portanto, é uma dimensão pura que se encontra na forma de traços em todas as estruturas clínicas, e é por isso que Lacan frisa o caso do desejo masculino que acentua apenas o fetichismo. Isso indica que a barreira entre a estrutura perversa e a modalidade de desejo no homem é tênue.

Ora, cabe interrogar-se quanto ao seguinte: aqueles sujeitos perversos que chegam à análise, por que ficam? Sem dúvidas a razão essencial que motiva a demanda não difere do motivo que precipita a demanda na neurose, isto é, uma experiência de castração. Trata-se de uma razão lógica. Na medida em que tais sujeitos passaram pela experiência da castração infantil, são suscetíveis de ter um encontro de castração em algum momento da existência. É esse segundo tempo do encontro que os impele — como a todo sujeito — a encontrar um analista. Assim, o que suscita a demanda de análise é, não raro, um afeto de angústia. Como na neurose, ela é um propulsor maior para decidir encontrar um analista. Porém, dado que a angústia não é um afeto estável, bem podendo retroceder, é um fato clínico que

O OBJETO *a* NA CLÍNICA DA PERVERSÃO

a angústia — seja na neurose ou na perversão — é algo que se atravessa; portanto, uma vez ultrapassado esse momento, a pergunta se renova sobre a razão de prosseguir a análise.

Para formulá-lo de outro modo, não é infrequente que os analistas encontrem um sujeito perverso naquilo que poderíamos chamar de "crise subjetiva" como efeito de um encontro com a angústia. E uma vez passada a crise, o sujeito se acomoda ao que sempre foi sua posição na vida, já que a angústia não se precipita em sintoma. Uma primeira resposta que impele a que desse momento emerja uma demanda vem do modo em que se transforma a angústia conforme as estruturas. A angústia neurótica é captada pelo sintoma ou se desloca; pode voltar, é claro, mas não permanece estável do princípio até o fim do análise. Na perversão, tampouco. O que se pode afirmar é que se a angústia é, frequentemente, um motivo de consulta, a continuação da experiência requer outro enodamento entre o analisante e o analista. Um enodamento transferencial é necessário para que o processo continue até o final. O que cumpre perceber é que o enodamento — que é entre pessoas, analisante e analista — faz-se em função de um motivo. Esse motivo é a pergunta que o analisante tem em relação a seu sintoma. Em relação a isso Lacan não mudou desde o início de seu ensino. Uma análise tem como condição a emergência de uma pergunta e deve incluir, portanto, uma resposta quando a experiência chega ao fim.

Isso não quer dizer que seja preciso esperar o fim para saber a resposta. Mas sim que a resposta final reordena o modo como o sujeito vinha encontrando respostas à opacidade de seu sintoma. É por isso que as análises prosseguem para além do apaziguamento da angústia. Uma vez que esse propulsor já não está presente, o que assume o seu lugar é a busca de uma resposta.

É preciso uma pergunta que mobilize o sujeito; e Lacan, nesse sentido, foi muito preciso — na neurose há uma pergunta —, e distinguiu as estruturas clínicas em função de perguntas. A neuroses obsessiva, do lado da pergunta essencial: estou vivo ou não? Do lado da histeria, a pergunta: sou uma mulher ou um homem? Do lado da psicose pode-se constatar a ausência de pergunta ou, como Lacan se apercebeu, a resposta vem antes da pergunta. Isso não exclui a pergunta na psicose, a qual adquire, no entanto, uma forma particular; é uma pergunta que não aceita nenhuma resposta. Quem presta contas disso, em especial, é o enigma na psicose: é um enigma que recusa toda proposta que implique uma possibilidade de resposta.

Se aplicamos essa questão à perversão, percebemos imediatamente a dificuldade, já que o que caracteriza a estrutura da perversão é o fato de ela suturar a falta-a-ser. Se a sutura é efetiva, o resultado é que não há pergunta, já que por definição a pergunta é relativa à experiência da falta-a-ser — o que é o caso da neurose —, ou a experiência de uma falta no imaginário — o que é o caso da psicose. Cumpre explicar, entretanto, por que pode não desaparecer a pergunta na perversão. O que é notório é que se a sutura protege contra a própria falta, ela não necessariamente produz uma sutura no Outro. É assim que se pode constatar um retorno da pergunta — mas de outra forma, sobretudo — sobre a possibilidade da falta no Outro. É essa a pergunta do sujeito perverso que eu considero crucial. Cabe dizer que a pergunta não aparece sempre porque, como já havíamos proposto, o perverso paga com a sua pessoa para completar a falta no Outro. Ele paga com seu próprio gozo, isto é, encarregando-se da falha no Outro, e completando-a com o seu gozo. No entanto, há momentos de falha nessa operação, e é nesses

O OBJETO *a* NA CLÍNICA DA PERVERSÃO | 213 |

momentos de falha que aparece a necessidade de produzir uma elaboração nesse lugar. Se retomamos a experiência de Gide, o que veio no lugar da falta do Outro foi uma sublimação. A sublimação opera no lugar do corte. Dito de outro modo, o intento do sujeito perverso a cada vez que encontra a experiência de descontinuidade, o corte, é encontrar uma solução que seja a de estabilizar o outro, não de estabilizar a si próprio; mas estabilizar o Outro a partir da repetição de um ato idêntico, sempre o mesmo. É isso que está em questão no roteiro perverso.

O roteiro é a colocação em cena de um dispositivo necessário para criar as condições do ato. Assim como existe uma exigência quanto às condições do roteiro, existe outra exigência, que é a da sua repetição. A repetição idêntica desse ato está a serviço de evitar a surpresa, porque toda surpresa pode conduzir à castração. Daí se revela a eficácia do roteiro perverso: ele é tanto mais eficaz quanto mais surpresa produz do lado do parceiro do perverso; e implica, paralelamente, a ausência de surpresa do lado do perverso. A ausência de surpresa de seu lado deve-se ao fato de o roteiro estar meticulosamente organizado. É o que explica — contra todo juízo prévio — que, na realidade, existe uma monotonia perversa. Que os perversos são imaginativos é pura fantasia neurótica. Nada mais monótono que o modo de gozo perverso. Deduz-se aqui uma questão crucial que concerne à clínica analítica do sujeito perverso.

A questão crucial que o sujeito deve confrontar não é relativa à repetição do ato; o problema que surge, antes mesmo, é de como fazer-se sujeito desejante. Fazer-se desejante é uma das proposições da análise, e nem todas as estruturas clínicas estão munidas do mesmo modo para topar o desafio. Sem dúvida é a neurose a mais apta a seguir o preceito na medida em que conta com a estrutura significante que permite que, a cada vez que haja um impedimento no desejo, isso não desemboque necessariamente num impasse. O que, substancialmente, faz com que o desejo seja possível é a capacidade de mobilizar a cadeia significante. Transformar-se num sujeito desejante é o que resulta mais complicado de produzir no caso da perversão. É o que explica que haja perversos que permaneçam na análise para além de haver ultrapassado o ponto da angústia. É também a razão pela qual Lacan pôde evocar que os sujeitos podem não ir além do balbuciamiento na homossexualidade feminina.

É claro que existe, como compensação aos obstáculos relativos à falta de desejo, a afinidade do sujeito perverso com o ato. O ato perverso está a serviço de evitar o fracasso do desejo, a não ser que a relação com o ato comporte fracassos que são relativos ao fato de que o ato, em si mesmo, pode falhar. Por exemplo, o exibicionista pode ter um encontro com a lei. Ele vai ao parque, lugar central das suas práticas, e não encontra apenas a vítima; ele encontra alguém que o surpreende — o que não estava previsto no roteiro —, um personagem fora do programado. Trata-se para ele, nesse sentido, de um encontro com a castração. É o que ocorre toda vez que um Outro vem interferir na realização do gozo. Um Outro dá sinais não somente de vida, mas de que pode interferir entre o sujeito e a vítima. É o caso também quando o Outro da lei intervém na experiência perversa; e nesse caso o sujeito perverso passa, de objeto, ao lugar de sujeito dividido, o que nos indica que o sujeito perverso pode ser um sujeito dividido.

Que o sujeito encontre uma divisão é uma dimensão essencial para começar uma análise, o que comporta a possibilidade de constituir um sujeito suposto saber. Essa questão geral para

O OBJETO ∿ NA CLÍNICA DA PERVERSÃO

toda análise faz surgir uma pergunta clínica fundamental que precisa ser feita em todo caso clínico, mas que adquire especial importância no caso da perversão, e que é a seguinte: quais são os pontos que um sujeito franqueou? E sua contrapartida: quais são os limites que um sujeito constituiu para si?

A pergunta é especialmente espinhosa no caso da perversão, já que existem casos nos quais se constata um atravessamento selvagem da fantasia. É o caso, por exemplo, da passagem ao ato incestuoso. É por isso que é decisivo o critério clínico do analista quanto a saber se houve um atravessamento da fantasia, o que implica que o sujeito está para além da experiência da análise. Enquanto não haja esse franqueamento, a análise é possível.

Um caso clínico demonstra as possibilidades de análise na perversão. Trata-se de um homem que poderia ser caracterizado como pertencente à categoria daqueles que se sustentam na existência a partir de uma dissociação da vida amorosa. Ela se caracteriza, de um lado, pelo fato de que se trata de um homem cujos parceiros são homens aos quais ele ama, pelos quais tem um desejo, e que são parceiros transitórios — uma série, digamos, interminável, porque ele enumera a quantidade de encontros nos quais há esboços de amor, mas, fundamentalmente, são encontros sexuais —; e, do outro lado, há o seu parceiro estável, um parceiro do amor, também um homem — trata-se, nesse caso, do companheiro estável. Dentro da categoria da série de homens que ele encontra de maneira furtiva há séries. Por exemplo, a série dos homens que ele encontra uma vez por ano — inclusive ele dá exemplo: há dois que pertencem a essa categoria, e com uma característica muito precisa, que ele vai precisar no decorrer da análise, que é a afinidade intelectual.

Se ele se dirige ao analista é porque se depara com a angústia que surgiu em duas ocasiões com o seu parceiro, isto é, com o homem com o qual ele vive há vários anos, em condições bem precisas. A primeira situação foi uma conjuntura especial. Em um dos momentos nos quais há uma perda do desejo sexual — o que acontece, às vezes, entre eles —, um dos dois, geralmente o sujeito que vem à análise, adota a solução de encontrar um terceiro homem, que é o eleito para participar na cena sexual do casal. O que se produz, em geral, é ele tendo relações sexuais com um terceiro e o seu parceiro olhando a cena. O que ocorre é que, num desses momentos, seu parceiro, pela primeira vez, assume a posição de ser quem vai ter relações sexuais — relegando o nosso analisante à posição de ser quem fica olhando. Colocado pela primeira vez como exterior, mas espectador da cena, ele passa por uma experiência que o surpreende e, portanto, confronta-se com a emergência da angústia.

Qual é a razão? A razão — ele consegue articulá-la no decorrer da análise — é que ele acredita perceber, nos gemidos do seu parceiro com o terceiro, que o gozo que o seu parceiro obtém na relação sexual é diferente do gozo que obtém com ele, com o analisante, e daí vem a angústia. A angústia surge como afeto diante de uma interpretação da sua parte: "com o outro ele encontrou um gozo diferente e maior"; daí o afeto que emerge antes da análise e que toma uma forma não somente inédita, mas também enigmática.

Dito de outro modo, a experiência de angústia, nesse caso, está ligada ao fato — é outra das articulações da análise — de que talvez ele não satisfaça suficientemente o seu parceiro. No entanto, não foi essa a razão suficiente para levá-lo à análise. O que fez com que ele chegasse à análise foi uma reativação da

O OBJETO *a* NA CLÍNICA DA PERVERSÃO

angústia que apareceu por outra razão mais complexa e muito mais enigmática para ele, e que ele mesmo também pôde elucidar no decorrer da análise.

Para poder produzir essa elucidação, ele desenvolve, no decorrer da análise, o que ele mesmo define como sendo a sua posição perversa. Trata-se de um sujeito que está à procura, desde o início da sua demanda — ele o formula claramente —, de um analista lacaniano; isso porque supõe que um analista lacaniano não vai tentar normalizar a sua sexualidade. Ele define a si mesmo como sendo um fetichista dos pés, e consegue restituir as cenas infantis que constituíram a base da sua condição erótica. Descreve, assim, uma brincadeira com o pai na qual ambos realizavam um movimento de balanço com os corpos cujo efeito era que o seu nariz ficasse situado na altura dos pés do pai, o qual o confrontava a sentir um odor muito especial, que produzia nele uma excitação imensa. Esse mesmo roteiro foi repetido por ele com um tio, ao qual pedia para fazer essa brincadeira; e é essa mesma brincadeira que ele começa timidamente a utilizar com outros meninos da sua idade, mas que logo vai se transformar numa condição de gozo. Ou seja, não se trata, para ele, de uma condição na escolha sexual, mas sim de uma condição para ter acesso ao gozo sexual.

A condição erótica é que os pés têm de intervir em algum momento da situação sexual. Não lhe é suficiente olhar os pés, os pés têm de intervir no contato com o corpo, e é unicamente nessa medida que se produz para ele a possibilidade de acesso ao gozo. Trata-se de um sujeito que não tem nenhum tipo de inibição no que se refere ao encontro sexual. Os múltiplos parceiros que ele tem têm uma condição. Primeiro, encontra-os muito facilmente: é suficiente olhar alguém para saber qual é a presa.

Quer dizer que ele está à espreita do outro, olha qual pode ser o candidato e, uma vez que o identifica e depois que ambos se reconhecem, é suficiente algumas palavras para estabelecer um pacto de gozo com o outro, no qual rapidamente o que intervém — formulado no pacto, inclusive — é a condição de que os pés participem de um modo bem preciso do roteiro sexual. Dito de outro modo, o encontro é fácil, mas comporta necessariamente uma exigência de gozo. É esse também o caso com o seu parceiro sexual, que deu o seu consentimento; portanto, há uma adequação com o homem com o qual está vivendo.

Vamos, então, ao que constituiu a causa do segundo momento de angústia. Certo dia o seu parceiro, com o qual está há anos, diz a ele como que em confissão: "sabe?, eu faço tudo isso, mas só de fachada". Aí aparece a angústia, porque essa palavra revela ainda mais a interpretação que o sujeito havia feito na primeira cena, descrita anteriormente — a cena dos três personagens no encontro sexual, na qual o sujeito está em posição de olhar como o seu companheiro sexual goza. O que ele deduz de ambas as situações é que ele não completa o gozo do outro. Ao dizer ao seu parceiro que "é só de fachada", o que lhe vem do outro é que o gozo do outro não está completamente implicado naquilo que, para ele, constitui a questão essencial, a do fetichismo dos pés.

Capta-se aqui o fato de que esse analisante, ao cabo de certo tempo de análise, possa reformular a razão pela qual ele justifica a sua necessidade de prosseguir no dispositivo analítico. O que ele busca é que não haja mais indagações nele em relação ao gozo com o homem que ele ama. Isto é, com os homens que encontra na rua essa questão não se coloca porque, na medida em que se produz um pacto, ele tem a certeza de que o gozo do

O OBJETO *a* NA CLÍNICA DA PERVERSÃO

outro está implicado nesse fetichismo dos pés. A pergunta que ele começa a se fazer não é sobre o seu próprio gozo — o gozo ele continua tendo com o seu parceiro sexual —, mas sim: para o gozo do outro, os pés são necessários ou não? O outro em questão não é um outro qualquer, mas o homem que ele ama. A sua pergunta concerne, portanto, a como produzir a fusão, a convergência, de um homem que ele ama e, ao mesmo tempo, ter a certeza de que seja um homem que goza com ele.

Constata-se como ambas as cenas se encadeiam. A primeira constitui a emergência de uma questão que se poderia formular assim: "e se o meu parceiro goza mais com outro?". A segunda é a que permite reativar a primeira cena, dando a ela, *après-coup*, um sentido ainda mais preciso e que seria: "é possível amar um homem para o qual não sou a causa de seu gozo absoluto?".

Digamos que, no fundo, pode-se dizer que estruturalmente — ao menos em certo nível — trata-se da mesma perspectiva que se evidencia nas análises com os sujeitos neuróticos. Ou seja, que a demanda do sujeito pode se traduzir como a demanda de efetuar um novo nó entre o gozo e o desejo. Essa é a base sobre a qual se vai sustentar toda a experiência de uma análise e, portanto, aquilo para o qual se aponta em todo caso de neurose — simultaneamente a elucidação do desejo inconsciente e, para além disso, a produção de um novo nó entre o desejo e o gozo. No nosso caso — mas isso se aplica a outros casos de perversão —, o sujeito parte de uma suposição que não é a de um saber suposto do lado do outro; nesse caso, o analista não está convocado nesse lugar. Mas, ao mesmo tempo, o seu ponto de partida inclui uma suposição que é a de que é possível enodar de outro modo o desejo com o gozo. Conforme os seus próprios termos, seria o caso de um enodamento que parte do pressuposto de que há um lugar para a singularidade. Uma singularidade é o contrário da norma, sem limitar-se a ser uma objeção à norma. Aquilo de que se trata é de enodar o amor, o desejo e o gozo.

O que se constata nessa experiência de análise são os efeitos daquilo que, conforme o esboçado no capítulo sobre o caso Gide, pode-se propor num primeiro nível como correspondendo à dimensão da sublimação. Noutro plano, mas não em disjunção com o primeiro, já que depende dele — ou seja, em articulação com a sublimação da qual é efeito —, constatamos a dimensão de uma implicação subjetiva. Cumpre levar em conta que Lacan dá uma definição da sublimação segundo a qual afirma que aquilo de que se trata é do fato de que o sujeito não está. Deduz-se que é um modo de sustentar que existe na sublimação uma renúncia ao gozo e, ao mesmo tempo, a passagem para outra forma de satisfação que não inclui o sujeito. Dito de outro modo, seria possível postular — em relação à definição da sublimação — a existência, por um lado, de um efeito sublimatório que implique apenas um deslocamento da satisfação e, por outro, uma sublimação que suponha uma mudança em nível inconsciente. Caberia dizer que, no primeiro, uma sublimação que não inclua um efeito em nível inconsciente seria o comum de qualquer efeito psicoterapêutico, enquanto que os efeitos específicos de uma análise incluem um efeito de sublimação que é a consequência de um efeito sobre o inconsciente.

É o que nos permite aventar a ideia do possível efeito da análise na perversão. Que ele seja possível, para alguns casos, é o que deixa aberta a possibilidade para outros. Trata-se da conjunção de uma subtração do gozo com um novo modo de viver a pulsão depois da consumação do trabalho do inconsciente. Para exemplificá-lo, retomemos esse caso. Conforme o exposto,

O OBJETO a NA CLÍNICA DA PERVERSÃO

de que modo se pode considerar a dimensão de uma subtração de gozo — no sentido de uma negativação no gozo, de um menos-gozar — e, portanto, de uma perda em nível de gozo? Lacan serve-se de outro termo, que extrai da termodinâmica, no seminário *O avesso da psicanálise*, que é o termo "entropia"[4]. Ele vem do grego e significa "transformação". Seu uso na termodinâmica é para indicar uma variação no calor entre um sistema e o entorno em relação a uma temperatura absoluta. Do ponto de vista de Lacan, a entropia se refere à mudança que se efetua a cada repetição no sujeito, o que remete à modificação de gozo no sentido de uma perda a cada volta da repetição. A entropia é o que permite a Lacan assinalar a dimensão da perda, e demostrar que, quando ela se repete, não é sempre do mesmo modo — já que cada volta da repetição comporta um desgaste no que se refere ao gozo. Pode-se, assim, afirmar que há um consumo de gozo. Sendo que o gozo obtido a cada vez não é o mesmo, pode-se afirmar que a repetição comporta sempre algo novo. É o paradoxo da repetição. Na perversão, em contrapartida, a repetição do ato não comporta necessariamente uma mudança quanto ao gozo, e é isso que se traduz na monotonia da repetição do ato perverso — o qual, conspicuamente, não induz nenhuma chateação no sujeito. O sujeito está disposto a começar como da primeira vez.

O que se verifica como benéfico no caso evocado é uma subtração de gozo sob transferência que se traduz numa localização dos encontros sexuais. Como no caso citado anteriormente, no qual se produziu uma redução dos *acting out* em

---

[4]LACAN, J. (1969-1970) *O seminário, livro 17: O avesso da psicanálise*. Trad. A. Roitman. Rio de Janeiro: Editora Zahar, 1992, pp. 46-ss.

relação às visitas às saunas, neste produziu-se uma redução do encontro dos parceiros sexuais ocasionais, ao que se associou um novo interesse intelectual pela literatura — interesse que já existia anteriormente à análise. Pode-se afirmar que, incontestavelmente, produziu-se a redução de um gozo parasitário, concomitante à subjetivação progressiva concernente aos efeitos da colocação em cena do seu roteiro de gozo. Com efeito, a subjetivação está relacionada com dar-se intimamente conta de a que ponto o estar tomado pelo roteiro de gozo é o que o desviava, extraindo-o do que havia sido o interesse de toda a sua vida, a literatura. Portanto, aperceber-se intimamente remete a uma modificação operada no nível do seu gozo. Com esse efeito sobre o gozo, o que se efetua de um modo indireto é uma mobilização do desejo.

Esse sujeito compensa, a partir do retorno do seu desejo, aquilo que lhe faltou radicalmente — que é a orientação em direção ao pai. Demonstra-se aqui o que evoquei em fórmulas anteriores: a perversão como versão em direção ao pai. O que surge como muito notório nesse sujeito é que se tratou de um pai da falta, mas uma falta que o pai tentou simular. Uma situação concreta exemplifica isso.

Enquanto o pai estava no Exército, feriu-se gravemente em exercício com uma bala que escapou por um erro cometido por ele próprio. Graças a um artifício ele consegue se safar da situação, ocultando a sua falta de modo a conseguir colocá-la do lado do Exército — com o que obtém uma indenização do Estado, que acorda com ele uma solução que convém a ambos. É assim que o pai vai ser compensado financeiramente por toda a vida, em função de um acidente pelo qual ele próprio foi responsável, e que por fim deixa-o sem sequelas. Para dizer nos termos do

O OBJETO *a* NA CLÍNICA DA PERVERSÃO | 223 |

analisante, houve uma fraude a partir da qual o pai tira proveito do Exército. O sujeito consegue identificar que a via da fraude é também a escolhida pelo seu próprio irmão, que se colocou em posição de cometer atos fraudulentos com o dinheiro no banco e, mais ainda, com a herança do pai — traindo o analisante no que se refere à distribuição dessa herança. A fraude, então, é o que une o irmão ao pai, e é ao mesmo tempo aquilo do qual ele se exclui, assumindo uma recusa a essa identificação — e, portanto, afirmando que ele não pertence a essa série. Adota, assim, uma posição moral segundo a qual ele não vai cair em nenhum tipo de fraude; e, nesse sentido, fica muito claro para ele que a sua escolha é a de colocar-se do lado da mãe. Essa posição inconsciente comporta uma dimensão radical, já que implica, por extensão, a recusa de toda forma de identificação com o pai.

A sublimação que se traduz em seu interesse pela literatura é, nesse caso, uma primeira tentativa espontânea do sujeito que se revela uma tentativa falha, já que a abandona. Trata-se de uma tentativa prévia à análise. Entretanto, é sobre esse suporte que se constrói, na transferência, um novo nó entre o amor e o desejo, como efeito da elucidação inconsciente quando mobilizada a raiz da castração — momento em que o outro do amor, o seu parceiro, encontra um gozo que não depende do analisante. Se a escolha ética, prévia à análise, é a de sustentar-se não numa posição de fraude social, mas na literatura, a análise o extrai do gozo parasitário que obstaculiza essa escolha. É claro que a sua escolha de gozo fetichista não é modificada.

Resta elucidar o lugar do analista nesse tratamento ainda em curso. Nada permite afirmar que existe uma inversão segundo a qual o analista esteja no lugar do sujeito dividido e o analisante na posição de objeto. Essa posição é a que, com frequência, faz com que se diga que a análise com o sujeito perverso angustia o analista. É certo também que o sujeito não se põe no lugar de elucidar o enigma inconsciente em relação a um sintoma do corpo ou do pensamento — posição clássica do analisante na neurose. Depreende-se, no entanto, uma posição afim à perversão, motivada pelo encontro com a castração que deixa dividido o sujeito e que funciona como propulsor para interrogar a sua relação com o ato, com o gozo e com o desejo, bem como com a suposição de que o Outro pode possibilitar uma melhor adequação da posição do sujeito na existência. É o que se confirma depois de vários anos de análise.

Nessa direção convém retomar o exposto por Lacan no seminário *A angústia*[5], no qual ele aventa que o amor permite ao gozo condescender ao desejo. A problemática do sujeito perverso talvez pudesse ser formulada nos seguintes termos: é ou o gozo, ou o amor. Há um saber fazer com o gozo, e as barreiras que obstaculizam o amor são permeáveis, o que comporta como consequência, ao mesmo tempo, uma facilitação quanto ao ato que permite obter o gozo e, igualmente, uma sensibilidade especial quanto à percepção dos sinais do amor. Em contrapartida, há um obstáculo fundamental — efeito da estrutura, digamos — que consiste na dificuldade de saber fazer de modo que o amor permita que o gozo passe ao desejo. Dito de outro modo, existe um impasse que surge no caso da perversão, não sempre e não para todos; mas, quando se manifesta, é em geral com a mesma característica. Trata-se de um impasse que não está em relação com a realização do gozo, mas com assumir

---

[5] LACAN, J. (1962-1963) *O seminário, livro 10: A angústia*. Trad. V. Ribeiro. Rio de Janeiro: Editora Zahar, 2005.

O OBJETO *a* NA CLÍNICA DA PERVERSÃO

uma posição que vá além do gozo e do amor, isto é, a de assumir-se como desejante.

Em relação à conexão entre a perversão e o desejo, é interessante observar que uma das primeiras aproximações de Lacan com relação à questão é quando ele se refere ao modo como Freud introduziu o assunto do desejo; ele o demonstra a partir de haver introduzido a perversão em seu seminário *O desejo e sua interpretação*, no qual evoca a fórmula das "posições perversas do desejo"[6]. Isto é, que o desejo comporta sempre uma dimensão em relação com o obstáculo, com a lei e, por fim, com o gozo que deveria se excluir — o gozo proibido. Seria possível, inclusive, fazer referência a um termo extraído do discurso geral que presta contas dessa dimensão. É a tentação, efeito da proibição, e que funciona como causa de desejo. Por fim, a problemática do sujeito perverso em relação ao desejo é que, para ele, a condição do desejo implica a desconexão com a lei.

No exemplo de análise evocado, é certo que o sujeito adota uma posição de intransigência com relação a tudo o que seja fraude. Nesse sentido, um exemplo diz muito. Seu irmão — que não tem nenhum tipo de inibição de ser fraudulento, nem sequer com a mãe — está fazendo uma operação pela qual subtrai a pensão da mãe para fazê-la passar para a sua conta, ou seja, o irmão tem uma posição decidida de transgressão à lei. A questão da lei é muito clara para o analisante: ele condena a posição do irmão; sabe que ela não outorga nenhuma legitimidade para essa ação. Sua posição em relação à lei, portanto, não sofre de nenhuma ambiguidade. O que, pelo contrário, não

---

[6]LACAN, J. (1958-1959) *O seminário, livro 6: O desejo e sua interpretação*. Trad. C. Berliner. Rio de Janeiro: Editora Zahar, 2016, p. 488.

se havia enodado antes da análise é a sua própria relação entre o gozo e a lei. É na medida em que o sujeito atravessa a experiência da transferência que a sua relação com o gozo cessa de estar centrada na busca imediata de gozo. Ele se extrai, então, de uma posição binária que era o resultado do seguinte: ou o gozo imediato, ou o amor pelo parceiro.

O que é interessante é o modo particular como se desdobra a transferência. Um dia ele traz um livro com a seguinte dedicatória: "Você não pode me recusar" — o que remetia à posição de um dos personagens do livro, um homem que se recusava repetindo sempre a fórmula "prefiro não". Isso diz, de um modo muito claro, em que posição esse sujeito coloca ao analista, posição que eu aceitei, isto é, uma posição de acomodar-me ao que ele está me pedindo; acomodar-me a essa posição de ser, para ele, um objeto a mais — o que não quer dizer um objeto como os outros. É assim que o seu estilo como analisante pode indicar-se: toda vez que conta um sonho, faça ele ou não uma série de associações, a conclusão é sempre a mesma — não demanda nada ao analista, mas volta na sessão seguinte. Ele quer que o analista esteja nesse lugar, o de um objeto que não pode lhe dizer que não. Através das suas associações, evoca os parceiros, o pai, a mãe etc. E o que se observa é que, progressivamente, produziu-se um consumo de gozo transferencial.

Isso quer dizer que, de um lado, reduziu-se o gozo que ele pode ter com a palavra e com o fato de narrar as suas histórias. De outro, isso indica também uma redução de gozo nos encontros sexuais — também como efeito do consumo que se leva a cabo na transferência. É o efeito de entropia. Esta é a aposta da experiência analítica nos casos de perversão: que o gozo seja afetado. Na realidade, isso forma parte do programa de toda

O OBJETO *a* NA CLÍNICA DA PERVERSÃO

análise, um consumo de gozo. É o que permite afirmar que o analista é um parceiro de gozo. É também nessa direção que se lê a fórmula de Lacan, do analista como complemento do sintoma do sujeito. O analista se transforma em parceiro de gozo na medida em que se torna sintoma para o sujeito.

É importante, além disso, fazer um giro em relação à questão da culpa nesses casos, já que se trata de um problema complexo. Não se pode concluir demasiado rápido dizendo que se trata de sujeitos sem culpa. Mas se pode afirmar que, quando a culpa aparece, não se trata de uma culpa ligada à questão fálica. Não é como a culpa do sujeito neurótico, que é uma culpa ligada a uma posição em relação à lei. Por exemplo, se pensamos em Gide, tudo o que ele propunha em termos de procurar ser normal poderia pensar-se como sendo guiado pela culpa; e, no entanto, não é um termo que apareça muito claramente na problemática de Gide. Nosso analisante, assim como o que evoquei anteriormente, dificilmente se refere à questão da culpa. Na realidade, a explicação que se poderia dar é a de que a tese de Lacan em relação à culpa, como consequência de uma renúncia ao próprio desejo, pode-se aplicar ao impasse frequentemente encontrado pelo sujeito perverso. Isso devido ao fato de que o sujeito perverso não teve a necessidade de renunciar a um desejo, visto que há uma decisão de gozo e uma orientação do gozo, que faz com que não haja, na maior parte dos casos, uma renúncia ao desejo. Portanto, a questão da culpa não parece ser o ponto mais manifesto.

Isso confere um estilo à análise que se diferencia, em regra geral, do estilo de análise do neurótico. Assim como na neurose existe um obstáculo maior ao evocar o que seria o gozo mais íntimo — e há sujeitos que passam pela análise sem terem podido dizer o que é que intimamente constitui a parte obscura, enigmática da sua personalidade —, esses sujeitos evocam-na com mais facilidade.

Cabe fazer uma observação quanto à questão do objeto em psicanálise, e particularmente na clínica com sujeitos perversos. Por um lado, cumpre entender que, em relação ao objeto, há dois níveis: o objeto é o parceiro — algo a que Lacan se refere quando faz menção à relação de objeto. Cada vez que nos referimos, em psicanálise, à relação de objeto, estamos aludindo à relação com o parceiro sexual. Por outro lado, quando Lacan introduz o mais-de-gozar, é do objeto que se trata, mas o objeto enquanto resíduo do que resta da experiência inicial, de como o sujeito foi atravessado pela linguagem. O fato de ter sido atravessado pela linguagem deixa um resto em cada sujeito: resto que é, por um lado, uma perda; mas que, ao mesmo tempo, é um empuxo para compensar essa perda. Esse empuxo a compensar essa perda é o que constitui o mais-de-gozar. É uma questão de equilíbrio: aquilo que o sujeito perdeu de um lado, ele quer recuperar de outro; o que não pode recuperar com a linguagem, tenta recuperar a partir de um objeto. O objeto, dito de outro modo, é a substância daquilo que constitui o gozo de um sujeito.

Nesse sentido, o sujeito perverso, em relação com o semelhante, tem menos dificuldades em saber qual é o semelhante que lhe convém na condição erótica. Isso se evidencia, no caso desse último analisante, na facilidade para encontrar um parceiro sexual, e o ponto que faz descontinuidade para ele é quando, do lado do outro, há algo que parece descontínuo. Quando o outro lhe diz "é de fachada", aí ele fica desestabilizado, e essa instabilidade é o encontro com a castração do outro.

O OBJETO *a* NA CLÍNICA DA PERVERSÃO

Dado que abordamos a afinidade do sujeito perverso em relação ao objeto *a*, resulta indispensável fazer uma distinção com a posição do analista, também feita de objeto *a*. Cabe frisar uma diferença fundamental entre a posição do analista e a posição perversa. Ambas as posições não são idênticas, e isso se percebe já no lugar em que, no discurso analítico, Lacan coloca o analista. Trata-se do analista como semblante de objeto *a*. Fazer semblante de objeto *a* não é o mesmo que ser objeto *a*. A distinção é essencial, já que, no fim das contas, o que quer dizer ser semblante de objeto *a*? O que isso indica é que se trata, para o analista, de ocupar o lugar daquilo que seria o objeto de satisfação do sujeito na fantasia. Isso exige o que alguns pós-freudianos — de modo aproximativo, mas com grande sensibilidade clínica — afirmaram como sendo a necessidade de que o analista ocupe sua posição de modo elástico. A elasticidade não remete à flexibilidade quanto aos padrões, já que eles supõem que não haja nenhuma variação. Ao mesmo tempo, a elasticidade também não remete à permissividade. Ela concerne a uma dimensão bem precisa. Trata-se de depurar a razão de uma exigência, que é o fato de que um analista seja muito diferente com um analisante e com outro. A elasticidade tem a ver mais justamente com poder captar qual é o melhor manejo possível da transferência. Eu acredito que o termo "elasticidade", utilizado pelos pós-freudianos, é o modo que os melhores teóricos das correntes não lacanianas tiveram para evocar o que, da perspectiva de Lacan, remete à questão do semblante.

Notemos que, fora dessa concepção, alguns analistas adotaram a posição oposta, que consiste em sustentar a prevalência do padrão: isso remete ao fato de que cumpre, com o analisante, ser sempre do mesmo modo, vestido da mesma maneira, todo dia na mesma hora. Ali, portanto, onde certos analistas propuseram que o padrão é o que guia o tratamento, outros decidiram propor a elasticidade. Ela consiste em acomodar-se ao lugar no qual o sujeito coloca ao analista. É uma questão de estratégia não acomodar-se a tudo e ser um objeto com o qual se pode fazer o que quiser; a ideia é ocupar o lugar de ser o objeto no qual o analisante o coloca, mas com uma finalidade bem precisa — e é nisso que reside a distinção em relação à posição masoquista. Então, por que não forçar a ficção e fazer-se a pergunta: a essência da posição do analista não está em afinidade com o masoquismo? Se seguimos a proposição de Lacan — segundo a qual a análise termina com o analista numa posição de desejo para o analisante —, caberia perguntar se o que funda a posição do desejo do analista não é justamente a de ter aquiescido ao dejeto.

Que Lacan tenha inclusive pensado o analista como dejeto da humanidade nos leva ainda mais à necessidade de distinguir a posição masoquista do desejo do analista. Qual é a diferença? Em primeiro lugar, cumpre destacar que Lacan se serve do termo "dejeto" para indicar o resultado da operação da análise do lado do analista. Isso remete, então, ao fato de que não é o analisante quem se torna dejeto, mas sim que o analisante, tendo chegado ao ponto de concluir a análise, passa pela experiência de o analista ser reduzido a um dejeto como efeito da operação. Noutros termos, a conclusão do tratamento implica, do lado do sujeito, uma destituição subjetiva, assim como a percepção de que o analista fora reduzido a um dejeto. Pode-se afirmar que o termo "dejeto" concerne então ao saber que resulta da experiência transferencial. É um saber para o analisante; e um saber que concerne ao devir do analista, se o sujeito consente ocupar esse lugar. Deduz-se, a partir disso, o que distingue a posição do

O OBJETO ⅄ NA CLÍNICA DA PERVERSÃO 231

analista da posição masoquista. Isso passa pelo fato de que, se o analista consente ser o objeto, é em função de uma finalidade que é a de se conferir os meios para poder mobilizar algo do desejo do sujeito que aparece como estancado. É o que constatamos clinicamente, e o último exemplo clínico evidencia isso particularmente. Afinal, ao ficar absorvido pela questão dos pés — ou ficar obnubilado pelo sexo, pés-sexo, sexo-pés —, essa questão realmente transforma a pessoa num idiota, conforme diz o analisante de um modo explícito.

Para concluir com esse caso que evidencia aspectos fundamentais da clínica da perversão, cabe mencionar os seguintes pontos: percebe-se nele que, apesar de uma posição subjetiva que se sustenta em produzir a angústia do Outro — a do semelhante, mas, para além disso, a angústia de um Outro caução da cena —, isso não implica uma impossibilidade de consentir o dispositivo analítico. Do mesmo modo, apontar o gozo do Outro, posição essencial na perversão, não excluiu a possibilidade da colocação em jogo do gozo na transferência com o efeito evocado, uma afetação do gozo inconsciente.

É evidente que a demanda de análise, que surge com o encontro com a angústia de castração, encontra um propulsor que causa a persistência da demanda na interrogação sobre o gozo do qual o sujeito está separado — um gozo absoluto, mítico, mas que alimenta a fantasia do sujeito.

Que a análise, como demonstrado, produza uma entropia de gozo, isso é uma certeza; mas, para além disso, o que estruturalmente se efetuou foi a experiência da ausência de um gozo do Outro, isto é, a assunção da castração do Outro.

Se escolhemos esse caso foi porque — assim como no caso anteriormente desdobrado — ele demonstra, simultaneamente, a existência de uma estrutura clínica específica, a perversão, com particularidades próprias no nível da estrutura, determinando também particularidades próprias na abordagem da transferência.

Concluo, portanto, com a necessidade de reatualizar a clínica da perversão. Que, do encontro com o analista, o sujeito perverso possa ter uma experiência inédita, eis um fato que já não é preciso demostrar. Com efeito, demonstramos a validade para alguns sujeitos, e é isso o que deixa a porta aberta à experiência para outros.

Este livro foi impresso em 2019,
pela Gráfica Bartira, para Aller Editora.
A fonte usada no miolo é Segoe corpo 10.
O papel do miolo é Pólen 80 g/m^2.